AF343502

TRAITÉ
DES EAUX
DE
BOURBON
L'ARCHAMBAUD.

Par le Sr **PASCAL**, Docteur
en Medecine.

Omnia Borboniis cedant miracula thermis:
Natura hìc posuit quidquid in orbe fuit.

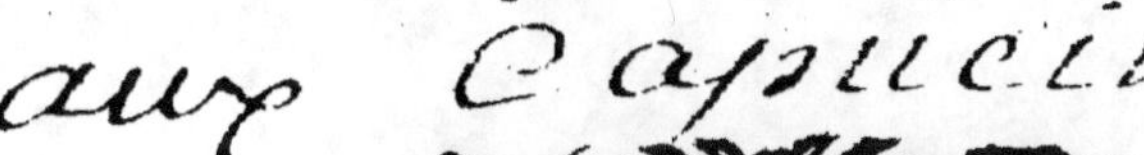

A PARIS.

Chez **EDME COUTEROT**, Libraire,
ruë S. Jacques au bon Pasteur.

M. DC. XCVIII.

Avec Approbation & Privilege du Roy.

TABLE

DES CHATITRES

contenus dans ce Livre.

ã ij

DES CHAPITRES.

ã iij

TABLE

Fin de la Table.

AP PROBATION.

J'Ay lû ce manuscrit des Eaux de Bourbon, dans lequel je n'ay rien trouvé qui en doive empescher l'impression. A Paris le 9. Mars 1696.

BOURDELOT.

TRAITE'

TRAITÉ

DES EAUX

DE

BOURBON

LARCHAMBAUD.

IDE'E DE L'OUVRAGE.

IL n'est point d'Eaux Minerales dans toute l'Europe, qui ayent acquis plus d'estime, ni porté leur reputation si lion, que les Eaux de Bourbon Lar-

A

chambaud. La grande opinion
qu'on en conceut aprés les premieres épreuves que l'on en fit
au commencement de leur découverte, s'eſt ſoûtenuë depuis
par des experiences ſuivies &
par des Cures ſurprenantes qui
ont étonné les plus habiles Medecins & naturaliſtes. On trouve dans ces eaux ſalutaires une
Piſcine toûjours active , qui y
rend chaque ſaiſon feconde en
Prodiges : ce qui a fait dire à
un ſçavant homme diſtingué
dans la Medecine qui fut prié
autrefois d'écrire de ces eaux,
qu'elles n'avoient pas beſoin
d'écrivains ; que leurs effets
publioient leur mérite; & que
leurs vertus étoient au-deſſus
de toutes les expreſſions.

J'avouë avec ce ſçavant homme, que tout ce qu'on en peut
dire n'augmentera pas l'eſtime
qu'on en a conceuë, & ne crois

pas que l'impreſſion de ce Livre
puiſſe rien ajoûter aux éloges
qui en retentiſſent de toutes
parts. Mais je ſçay auſſi que
beaucoup de gens en parlent
ſans les connoître; que pluſieurs
de ceux qui penſent eſtre in-
ſtruits de leur nature , n'ont
jamais été à Bourbon, & ne les
ont point veuës dans leur ſource : & qu'enfin la plûpart de
ceux qui les ont examinées ſur
le lieu; l'ont fait par des épreuves ſuperficielles & ordinaires
qui n'ont eu d'autre effet que
de les confirmer dans les notions communes qu'ils en a-
voient , ſans leur donner aucune de ces idées juſtes , pré-
ciſes & diſtinctes , ſous leſquelles on conçoit nettement & ſans
confuſion tout ce qui entre
dans la ſcience de ces eaux.

C'eſt le principal motif du
deſſein de cét Ouvrage que

quelques ſçavans de mes amis m'ont ſollicité de donner au public. Je commence par une deſcription exacte de ce qui regarde le dehors de ces eaux pour inſtruire là deſſus ceux qui n'ont pas eſté ſur les lieux, & me ſers de quelques remarques que j'y fais comme de conjectures tres-fortes qui me menent à des connoiſſances plus cachées.

J'entre enſuite dans l'interieur de ces eaux J'en examine la nature & découvre dans cette recherche l'erreur preſque univerſelle, où l'on eſt à cét égard. Puis je paſſe à l'idée generalle de leurs principes, & pour connoiſtre ce qu'ils ſont, je les regarde par toutes les faces que l'Art leur donne, & par toutes celles qu'ils prennent dans l'état naturel. Je m'attache fort au ſel comme à celuy qui a plus de part que tout autre à leurs principales vertus. Je voy ce qu'il eſt dans la cucurbite aprés leur Analyſe faite au feu de ſable & à la chaleur du Soleil. Je le cherche & dans les Conduits de ces eaux, où il ſe lie ſous une maſſe concrete, & au tour de leurs puits, & ſur le bord de leur reſervoir, où on le voit quelque fois en forme de petits filets brillans comme des criſtaux. J'obſerve enfin dans pluſieurs experiences curieuſes faites ſur divers mixtes par le meſlange de ce Sel les differens effets qu'il y produit. Comme tout cela conduit à l'idée de ſon état naturel, je le demêle parmy les autres principes, non-ſeulement dans l'eau de Bourbon nouvellement puiſée, & dans la ſource de ſon ébullition, mais encore dans les lieux ſouterrains, où les deux ſub-

A iij

ſtances qui compoſent ſon corps s'uniſſent & ſe revêtent du caractere d'acidité qui luy eſt propre.

Je paſſe aprés à l'examen du ſoulfre, & le prens dans ſa premiere matrice. Je remarque comment il devient ſpiritueux, s'enflamme, ſe cache dans les entrailles du ſel dans ſon alkaliſation, & ſe produit enſuite dans le corps de l'eau, en y répandant la chaleur vive qui l'anime.

Toutes ces obſervations qui nous menent à une connoiſſance diſtincte de leurs vertus, nous font voir les operations de ces eaux dans le corps de l'homme par l'action de leur ſoulfre, & de leur ſel, & de là nous conduiſent par une route également ſeure & aiſée au diſcernement des maladies auxquelles elles ſont, ou favorables, ou contraires.

De la Theorie de ces eaux, je passe à la pratique dans la seconde Partie de ce Livre, j'y donne les regles que l'on doit suivre par rapport au temperament des malades auxquels on ordonne les eaux. J'y traitte des saisons dans lesquelles on les doit prendre, des remedes appropriez à chaque malade, de ce qui se pratique pendant qu'on prend les eaux, & de ce qu'on doit faire aprés les avoir prises.

Comme je n'ay icy d'autre but que la découverte de la verité, j'ay eu grand soin de me garantir des faux préjugez, & de ne rien écrire dont je ne fusse pleinement convaincu. C'est pour cela que je n'ay pas toûjours suivi les chemins frayez, & que me détournant des voyes communes qui menent à l'erreur, j'ay pris quelque fois des sentiers secrets & inconnus. J'y marche seul & sans compagnie ; mais je m'y trouve en seureté. Le jour paroist & la lumiere brille dans tous les lieux où ils conduisent. Dés que cette route sera connuë, j'espere que beaucoup de gens la prendront, & me sçauront bon gré de leur y avoir servy de guide.

Enfin m'étant toûjours proposé dans la recherche de la verité d'y aller par le plus court chemin, j'ay évité autant que j'ay pû les inutilitez & les redites ; & j'ay mieux aimé dire peu & rapporter des choses utiles, que de faire montre d'éloquence, & charger ce Livre d'une science vaine & sterile. C'est pour cette raison que m'éloignant en cela de l'exemple des écrivains qui traitent des eaux minerales, je n'ay pas crû

devoir parler des Cures extraordinaires que celles-cy , ope-
rent en chaque saison , ny gros-
sir ce volume de ces sortes d'observations , qui ne trouvent pas
toûjours créance & ne portent
jamais si loin que la voix de la
renommée. La verité que j'y
fais paroître toute nuë, me tient
lieu d'éloquence , & releve
bien mieux le merite des eaux
de Bourbon , que toutes les
fleurs de la Rhetorique.

TRAITÉ
DES EAUX
DE
BOURBON
L'ARCHAMBAUD.

PREMIERE PARTIE.

CHAPITRE I.

*Où l'on fait voir qu'onn'a pas une
idée bien distincte des vertus
des Eaux de Bourbon.*

D E toutes les Eaux que
les Hommes employent
aux usages de la santé,
il en est peu dont la
nature & les qualitez ayent été

moins recherchées que celles
des Eaux de Bourbon ; & les
notions qu'on en donne sont si
confuses , qu'on ne peut assez
s'étonner que de tant de cele-
bres Medecins qui les ont mises
en reputation , aucun ne se soit
encore avisé d'en traiter à fond,
& de nous en donner une idée
nette & précise. On les regarde
dans les Païs Etrangers, & parti-
culierement dans le Nord ,
comme une source de vie , &
comme une Piscine feconde en
Alkalis : où les Acides qui regnent sur tout dans le Septen-
trion , & dont les mouvemens
dereglés ont part aux frequentes maladies de ces climats ,
trouvent presque toûjours leurs
écueils. C'est pour cela, qu'a-
vant que l'Europe fut armée
contre la France, & le commerce des Nations interrompu , il
y avoit à Bourbon un grand

abord d'Etrangers, & ceux que les Medecins du Nord y envoyoient aprés avoir éprouvé l'inutilité de leurs remedes, y trouvoient souvent la guerison de leurs maux les plus opiniâtres. Mais bien qu'il n'y vienne presentement que des malades de la Nation, on ne laisse pas d'y en voir une nombreuse foule. Il n'est presque point de Province dans le Royaume qui n'y envoye plusieurs malades de distinction, dont les Medecins les plus habiles ayant inutilement tenté la guerison par les remedes les plus exquis, leur conseillent enfin ce Voyage comme une derniere ressource pour rétablir leur santé.

Or les malades que l'on voit à Bourbon sont de temperamment d'âge & de sexe differens: ils y viennent de divers climats dont le Ciel, l'air & les alimens par leurs qualitez differentes produisent des constitutions differentes & des effets tous contraires. Ainsi les maladies qui se presentent à guerir ayant entre elles une prodigieuse varieté, & faisant voir dans la diversité des causes qui les produisent ou entretiennent la difference & quelquefois la contrarieté des remedes qu'on doit leur opposer : il y a lieu de s'étonner qu'on ordonne celuy des eaux aux uns & aux autres ; d'où l'on pourroit conclurre avec quelque vray semblance , ou que plusieurs reconnoissent dans ces eaux une universalité de vertu , ce qui est contre les principes de la plus saine medecine : ou que l'idée qu'ils en ont, est fausse & contraire aux veritables effets qui leur conviennent.

En effet quelques uns de ces malades réjoüis d'aller à Bourbon, regardent l'approche de ce lieu comme l'entrée d'un Port salutaire où ils se flattent d'estre bientôt à couvert de l'orage. Mais leur joye est courte & souvent troublée par l'incertitude où les jettent les sentimens opposez des Medecins du lieu, qui ne conviennent pas entre eux sur l'usage qu'ils doivent faire de leurs eaux. D'autres persuadez par leurs Medecins ordinaires d'aller à Bourbon, comme au veritable remede à leurs maux, y sont tristement décheus de leurs esperances, lorsque les Medecins qui sont sur les lieux, ayant examiné à fond leur maladie, leur en deffendent unanimement l'usage persuadés qu'il vaut mieux s'abstenir par prudence d'un remede (quoique celebre par ses

effets furprenans) que de l'employer temerairement lorfque
l'on en prevoit avec certitude
le peu de fuccés, ce qui eft felon Celfe ne pas rendre mepri-
fables par fa mauvaife condui-
te des fecours qui ont efté em-
ployez toûjours avec tant de
réuffite.

Il y en a , & le nombre en
eft grand , qui boivent , qui fe
baignent, qui prennent la Douche avec fuccés , & voyent
fouvent finir leurs maux avant
qu'ils ayent ceffé l'ufage des
eaux. Il s'en trouve d'autres
qui aprés avoir pris les eaux
d'une maniere reglée & avec un
regime de vivre exact, font fou-
lagez pour un temps, & paffent
même quelques faifons fans fe
plaindre ; mais dont les maux
fe reveillent dans la fuite avec
plus de fureur qu'auparavant.
On en voit à qui les eaux

ne font ni bien ni mal, & qui
quoique chagrins de la dépense
& de l'inutilité de leur voyage,
se consolent pourtant d'en sortir à si bon marché, en voyant
quelques autres dont les maladies parroissoient bien moins
dangereuses que les leurs, passer de l'usage de ces eaux mal
appliqué, à un soudain peril de
leur vie, les maux qu'on vouloit combatre par ce remede, y
prenant tout d'un coup des
faces plus terribles.

En effet, il s'en trouve parmi
ceux qui sont d'un temperamment ardent & d'une constitution brûlée, sur tout aux saisons de l'Automne, quand elle
succede à un violent Esté, qui
deviennent plus malades aprés
l'usage de ces eaux ; leurs in-
commoditez causées d'ordinaire par des soulfres rapides, &
par des sels exaltez en levains

acres & brûlans, s'effarouchant souvent dans le cours de ces eaux bouillantes qui les fondent & les irritent en leur imprimant une plus grande agitation.

Mais ces évenemens ne doivent pas eftre regardez comme des suites ordinaires & dépendantes des qualitez de ces eaux, qui n'ont rien en elles de brufque ni de dangereux, quand elles font bien appliquées; mais font au contraire remplies d'admirables proprietez, & renferment des vertus vives, efficaces & furprenantes par la promptitude de leurs effets. Leurs coups font toûjours heureux dans les corps où elles trouvent des proportions juftes; leurs operations font merveilleufes, quand elles font appliquées aux maladies où elles ont du rapport. Elles agiffent par des principes d'activité, qui déployent leur vi-

gueur & leur force dans tous les
lieux où elles se répandent : ainsi quand il faut fondre, redonner aux liqueurs leur pre-
miere fluidité & ranimer dans
le sang & dans les visceres les
levains qui s'y trouvent deprimez & languissans, c'est pour
lors qu'elles agissent presque à
coup seur & que leurs operations surprennent.

Mais si elles trouvent des humeurs trop mobiles, & des fermens agitez, elles les animent
encore par une vertu d'agir qui
est vive & constante, & qui s'y
manifestes par des mouvemens
actifs & rapides ; d'où il arrive
que les liqueurs en sont extraordinairement emeuës dans
leurs Canaux, qu'elles tombent
dans un plus grand desordre,
qu'elles s'alterent & degenerent à proportion qu'elles s'é-
meuvent avec plus de violence.

Ce qui fait que le mal venant
à s'augmenter en luy-même les
Symptomes   qui   l'accompa-
gnent en deviennent aussi bien
plus fâcheux.

Ainsi le merite des Eaux de
Bourbon estant inseparable de
la justesse de leur application:
& les suittes funestes qu'elles
semblent quelquefois traisner
aprés elles n'estant que l'effet
d'une épreuve mal-concertée,
nous avons crû qu'en prescri-
vant avec ordre la maniere de
s'en servir nous donnerions un
ouvrage égallement utile au public & à la Medecine.

CHAPITRE II.

Des Eaux de Bourbon.

LES Eaux de Bourbon ont
dans les puits la surface un
peu grasse & huileuse, & un

bouïllonnement fort senfible & fort actif, qui en exprime une fumée abondante à la façon des liqueurs qui bouïllent violemment fur un grand feu.

Elles ont dans le verre une limpidité criftalline, pareille à celle des Eaux de Roche ; n'ayant aucune couleur qui les diftingue des eaux communes, & ne portant aucune odeur au nés.

Elles font fentir dans la bouche une chaleur affez vive, qui n'a rien d'acre ni de brûlant ; & qui y laiffe un goût fubtil & falin, lequel y réveille le fentiment d'une acidité obfcure.

Quelque puiffant neanmoins que foit le degré de feu, qui regne dans ces eaux boüillantes, on éprouve en les beuvant dés qu'on les a puifées, que les lévres, la langue & le gofier, qui feroient brûlés par l'eau commune , chaude au même degré de feu , n'en reſſentent aucune impreſſion fâcheuſe.

On obſerve encore que ces eaux chaudes ſorties nouvellement de leur ſource , & miſes inceſſamment ſur le feu , y reſtent auſſi long-temps ſans ébullition , que les eaux communes; celles-cy qui ſont froides renfermées dans un vaiſſeau également épais & d'égalle grandeur , placé en même temps ſur un même feu, n'ayant pas moins de promptitude que les autres à boüillir.

On remarque enfin , que plus ces eaux ſont chaudes , moins elles ſont piquantes : quand on les boit ſur la ſource , dés qu'on les a puiſées , le goût n'y demêle pas d'une maniere trop diſtincte des pointes vives qui l'irritent; mais ſitôt qu'elles ont perdu leur chaleur , on y trouve

les aiguillons d'un sel assez penetrant, qui s'augmante à proportion que la chaleur s'affoiblit
& qui se fait même sentir d'une
maniere un peu plus vive,
quand elles font tout-à-fait
froidies.

Or comme la chaleur qui regne si puissamment dans les
eaux de Bourbon, & le gout
salin qu'on y trouve, insinuent
d'abord qu'elles font empreintes de deux principes actifs qui
les rendent chaudes & piquantes, & que par la force de ces
mêmes principes, elles font
propres à penetrer dans les parties interieures du corps humain ; à en rompre les divers
embarras, & à y redonner aux
liqueurs qui les arrosent, la
vigueur & la fluidité qui entretiennent la vie saine ; ceux
qui les examinerent les premiers aprés les avoir décou-

vertes, commencerent à les de-
stiner aux usages de la santé,
en les employant neanmoins à
la cure de certaines infirmitez
d'une maniere également timi-
de & resserrée : car dans les
premieres épreuves que l'on en
fit, & qui ont esté suivies d'un
constant usage de plusieurs sié-
cles, elles furent appliquées
exterieurement au corps de
l'homme, sans qu'on ôsat pour
lors les faire passer au-dedans.

Ainsi les bains furent les premiers essais des eaux de Bourbon, & l'on a esté tres-long-
temps à ne les employer que
dans les maladies où les mébres
froids & paralytiques avoient
besoin d'une chaleur vehemente pour les échauffer, & pour
en animer les esprits languissans
sous les amas des sucs coagulés,
qu'un bain chaud pouvoit aisément fondre & dissiper.

On

On devint ensuite plus hardi dans l'usage de ces eaux, dés qu'on s'apperceut par de frequentes observations fondées sur ces épreuves exterieures, que leur application au-dehors répandoit au-dedans des impressions favorables & d'heureux effets, en guerissant plusieurs maladies dont les sources étoient interieures ; on commença à les faire entrer dans le corps, & l'on fit boire les malades dans le temps qu'on les baignoit, afin que le mal combattu par les bains & par la boisson, & attaqué ainsi de toutes parts pût estre plus promptement détruit.

Enfin l'experience ayant fait voir que certaines infirmitez répanduës exterieurement sur les membres, soit par la qualité de l'humeur, soit par un long séjour, se trouvoient à l'épreuve de la boisson & des bains, on songea à augmenter l'activité & la vertu de l'un & de l'autre. L'on prit le parti de les verser sur les membres malades d'un lieu assez élevé afin que par la cheûte elles acquissent plus de penetration & de force, & que les parties malades en fussent plus vivement ébranlées. Cette maniere de se servir des eaux chaudes qui est en usage dans plusieurs bains chauds de l'Europe & de l'Asie est appelée Douche.

Mais comme la veritable application des eaux de Bourbon & l'usage le plus utile qu'en tire la Medecine dans la cure de plusieurs maladies ausquelles elles conviennent, consiste dans la boisson, dans les bains, & dans la Douche; & que la juste methode de s'en servir, fait à cét égard toute la science du

Medecin qui les ordonne ; il faut se fixer d'abord à éclaircir le gros des choses, qui ont rapport à cette matiere, & en donner une idée generalle, en l'ornant même avant qu'on descende dans le détail de la pratique, de tous les preludes qui menent comme par des routes aisées à la parfaite connoissance de ces Eaux.

CHAPITRE III.

Du lieu & de la source des eaux de Bourbon.

BOurbon est une petite ville scituée dans la Province du Bourbonnois, placée dans un lieu assez bas, & environnée de terrains élevés, dont quelques-uns sont agreables, fertiles & verdoyans.

Les maisons y sont bien bâ-

ties, propres, & la plûpart or-
nées de jardins ; & les habitans
doux & infinuans, ayant des
manieres fort civiles & fort
honneftes , ce qui ne contri-
buë pas peu à l'agréement &
à la commodité des malades.

Dans l'un des endroits les
plus bas de la ville , & prés du
Convent des Capucins, on y voit
une place beaucoup plus longue que large, bordée d'affez
belles maifons, & divifée prefque dans fon milieu par la mai-
fon du Roy , derriere laquelle
font les puits , & le refervoir
des eaux, qui a deux ruës prés
occupent environ un tiers de
cette place.

On y voit d'un cofté une
platte-forme élevée de prés
d'un pied fur la ruë , où regnent trois puits contigus &
placez fur la mefme ligne, dont
celuy du milieu qui furpaffe un

peu les autres en grosseur est
appellé le gros puits.

Ces puits estoient autrefois
des fontaines grillées; mais depuis environ soixante dix ans,
on les a distingués par trois cer-
cles de pierre élevez sur la pla-
te-forme, presque à hauteur
d'appuy, en sorte qu'on en puise l'eau plus commodément.

Le matin & le soir, & tous les
jours mesmes qui ne sont pas
bien sereins, on voit aux approches de cet endroit une fumée épaisse en forme de nua-
ge qui se fend sur les puits,
sur la platte forme, sur le reservoir & sur les deux ruës,
ce n'est autre chose que l'exa-
laison qui s'éleve des puits ou
des eaux qui coulent dans les
reservoirs.

Quand on regarde dans ces
trois puits, on voit que l'eau
qui y est à la hauteur d'environ

sept pieds, y boult sans cesse d'une maniere tres-sensible.

L'eau d'un puits n'est pas differente de celle d'un autre puits, tant par les deux ouvertures du plus gros puits, que par la disposition de la source, qui fournit l'eau également aux trois puits.

Le puits du milieu communique avec les deux puits des côtez, à la faveur de deux arcades, hautes de quatre pieds, par où l'eau coule sans cesse d'un puits à l'autre.

La source est un torrent souterrain, qui s'échauffe par l'effervescence de quelques sels interieurs, & qui aboutit au pied des trois puits, où il sort de la terre d'une maniere vive & impetueuse, qui l'eleve jusqu'à une certaine hauteur dans les puits.

Cette source est intarissable, & à l'épreuve des chaleurs des plus vehemens estez, qui ne la font jamais décroistre.

Elle est abondante au point de faire aller un moulin, & de donner toutes les heures cent muids d'eau.

Ainsi ces trois puits qui sont toujours également remplis, quelque quantité d'eau qu'on en puise, se déchargent sans cesse par trois conduits de pierre qui versent l'eau dans un reservoir assez grand, un peu plus long que large, où dix-huit à vingt hommes pourroient se baigner aisément.

Outre ces trois perdans, il y a deux canaux souterrains qui reçoivent l'eau des deux puits, dont l'un la porte dans les bains publics, & l'autre dans le reservoir de la Charité.

Celuy des trois puits, qui est

du costé de la maison du Roy, a une petite fenestre, par où l'eau se porte par des robinets qu'on ouvre de la maniere qu'on veut pour la temperer, & d'où elle coule dans le petit puits, qui est dans le bain des Capucins, & qui la répand ensuite dans les bains publics.

Le puits placé du costé de l'Hôpital a pareillement une petite ouverture par où l'eau entre dans un canal souterrain, qui la verse dans le bassin de la Charité, où est le bain des pauvres.

Il y a encore au dehors un quatriéme puits scitué plus bas que les trois premiers, & placé vis-à-vis le second pilier de l'arcade du bain des Capucins, & assez prés du bord du reservoir. Son eau qui est chaude, & agitée sans cesse par de petits boüillons, reçoit un écoulement de la grosse source, qui y donne cette efpece d'ébullition.

Mais comme l'émanation d'eau qui vient de la groffe four-ce eft foible & tariffable, & qu'elle a fort décru depuis quel-que tems, on a fupplée à cette diminution par le moyen d'un canal qui y porte de nouvelle eau, & qui fort de celuy des puits, qui eft le plus proche de la maifon du Roy.

L'eau de ce puits qu'on em-ploye aux douches & aux bains domeftiques paffe dans un petit canal qui la verfe dans le grand refervoir.

CHAPITRE IV.

Des Bains publics.

IL y a trois caves fous la mai-fon du Roy diftinguées au dehors par trois arcades, & percées au dedans par des ou-

B v

vertures, par où les eaux chaudes & fumantes, dont elles sont
remplies, se répandent de l'u-
ne à l'autre cave, ainsi que les
eaux des trois grands puits.

On y descend par des mar-
ches fort commodes, sur lesquelles les malades qui se baignent, ou qui se font doucher,
se peuvent aisément placer.

Ces trois caves font trois
bains differens. Le premier est
appellé le bain des Capucins,
à cause que ces Religieux qui
ont un Convent à Bourbon, ont
droit de s'y baigner preferable-
ment aux autres malades.

Le second est le bain des hommes, parce que c'est là que les
hommes prennent le bain ou la
douche dans les saisons, sans
que les femmes y entrent jamais alors, pour y éprouver
quelqu'un de ces remedes.

Le troisiéme est le bain des

femmes, lequel eſt deſtiné principalement pour le ſexe, les
hommes n'ayant pas de coûtu-
me de s'y baigner.

Il y a un petit puits dans la
cave du bain des Capucins, qui
reçoit l'eau dont il eſt remply,
de celuy des trois grands puits,
qui eſt le plus proche de la mai-
ſon du Roy, & qui la répand
dans ce bain; d'où elle coule
enſuite dans les deux autres caves qui y ſont contigues, à la
faveur de deux ouvertures aſſez
grandes faites dans les murail-
les de la cave du bain des hommes, qui font la communica-
tion de ces trois bains & le mélange de leurs eaux.

Les eaux qui rempliſſent é-
galement ces trois bains exhalent une fumée chaude, qui
échauffe l'air qu'on y reſpire, &
fait qu'on y ſuë facilement.
C'eſt pour cela que dans les ma-

ladies inveterées où l'on veut
fondre puissamment, les bains
publics sont preferables aux
bains domestiques. Les grands
Seigneurs mesmes travaillez de
ces sortes d'infirmitez sont con-
traints de s'y faire porter, afin
que penetrez d'un costé par un
air chaud & humide empreint
de soulfres & de sels que l'on
y respire ils puissent ressentir
des effets plus promps & plus
efficaces du bain & de la Douche qu'ils s'y font donner.

Les eaux des bains qui se rendent dans la cave du bain des
femmes s'écoulent par un canal,
qui va sous terre le long du refervoir, & qui aboutit enfin à
un creux, lequel fait une espece de lac où l'on remarque une
bouë grasse, chaude, & presque
toûjours fumante, l'on y voit
dans quelques endroits de petits
boüillons d'eau.

L'eau coulée là dedans y disparoiſt d'abord , à cauſe qu'elle tombe dans un canal ſouterrain, qui la répand hors la ville, où elle forme un petit ruiſſeau.

Outre les bains publics, on voit encore à Bourbon un bain particulier qui eſt le bain de la Charité, où l'on baigne les pauvres. Ce bain eſt dans un reſervoir aſſez grand, dont l'étenduë eſt un peu plus vaſte que celle de chaque bain public, & remplie d'une eau chaude & fumante, comme celle des autres bains, il s'en éleve dans l'air des vapeurs nitreuſes, qui forment du veritable ſalptre qu'on voit non ſeulement briller le long de la muraille, mais qui paroiſt encore quelquefois en de grands monceaux ſur le bord du baſſin, qui s'en trouve tout couvert.

L'eau y eſt envoyée par celuy

des trois puits qui eſt placé du
coſté de l'Hoſpital, & où l'on
voit une petite ouverture, par
où l'eau paſſe dans un conduit
ſouterrain, qui la porte dans ce
bain là, où aprés avoir repoſé
elle coule dans un conduit ſe-
cret qui aboutit au grand canal
de ces eaux.

CHAPITRE V.

De la Douche.

ON voit dans les bains publics des tinettes ſuſpen-
duës & attachées par un lien à
une groſſe piece de bois, le
fond des tinettes eſt percé par u-
ne petite ouverture, où l'on applique un tuyau proportionné.
Elles ſont élevées à une cer-
taine hauteur qui permet aux
Doucheurs d'y vuider aiſément
leurs ſeaux.

On verse dans ces tinettes plusieurs seaux d'eau tirée presque toûjours du petit puits qui est au dehors, & temperée diversemens selon que les Medecins l'ordonnent aux baigneurs qui douchent les malades.

Ou dispose ensuite les tinettes de telle maniere qu'en les faisant pancher differemment, le tuyau verse l'eau sur les malades qui font couchez dessous & étendus sur une des marches du degré des bains selon qu'il est necessaire.

On y place de telle façon les malades, qu'il se trouve toûjours une distance proportionnée entre les tinettes qui repandent l'eau, & les parties nuës des malades qui en reçoivent l'effusion, afin que par ce moyen elle y tombe avec force & chaleur, & que par sa chûte precipitée elle cause une impreſſion plus vive ſur le membre affligé, dont on veut lever l'embarras.

On y voit les malades nuds & couchez aux pieds de ceux qui les douchent, prenant des ſcituations differentes, & s'étudiant ſur tout à mettre les parties qu'on veut doucher a portée des effuſions de l'eau que l'on y verſe. On leur donne une piece de bois percée ayant à peu-prés la forme d'un hauſſecou, dont ils ſe ſervent comme d'un écran pour mettre devant la tête, à cauſe qu'elle ſeroit bleſſée par la cheute de l'eau qui tombe avec violence, & qui y excite preſque toûjours du trouble ſans cette précaution.

CHAPITRE VI.

De la Boüe des Eaux de Bourbon.

Outre la boisson, les bains, & la Douche, où les eaux de Bourbon sont employées, elles ont encore un usage particulier par la lie qu'elles déposent dans leurs reservoirs, laquelle quoyqu'on y fasse peu d'attention sur les lieux, ne laisse pas d'avoir des vertus singulieres, & de faire voir en certaines maladies des effets merveilleux, que ny les bains, ni la boisson, ni la douche n'ont pas la force de produire.

Cette lie qui est le tartre des Eaux, & qui est chaude & fumante dans les bassins où elle croupit, renferme un soulfre gras & un sel grossier mêlés d'une copieuse portion de terre

que les eaux y ont chariées de
leur source.

Or comme le soulfre subtil
qui est répandu dans ces eaux,
& qui n'est sensible que par la
chaleur qu'il y produit, se trouve corporifié dans cette bouë,
& que leur sel si sujet à s'éva-
porer, y est fixé par des liens
massifs, qui luy donnent de la
consistence & de la solidité :
on conçoit aisément que cette
bouë appliquée à l'habitude du
corps, y doit repandre en certains cas une abondance de ces
principes concentrés, qui s'at-
tachant avec plus d'adherence à
la partie affligée, la penetrent
& degagent avec plus de promptitude & de force que les eaux
chaudes, lesquelles ayant trop
de mouvement n'en effleurent
quelque fois que la superficie,
sans y faire un séjour proportionné à l'état fixe & rebelle

de l'humeur qui y entretient le mal.

Ainsi l'on peut employer utilement cette boüe sur les lieux dans la cure de plusieurs maladies, & la transporter même dans des Provinces éloignées, comme firent les Medecins d'un des derniers Rois de Pologne, qui vient aux Eaux de Bourbon. Mais on s'en servira sur le lieu dés qu'elle est sortie du reservoir, & qu'elle est encore chaude & fumante ; & ailleurs on aura soin de la rechauffer par des décoctions cephaliques & nervales, où il entrera des plantes appropriées à l'infirmité qu'on veut combattre.

Voila en petit la description historique des plus remarquables choses qui ont rapport aux Eaux de Bourbon, selon le recit qui m'en a esté fait sur le lieu, & selon les observations que j'y ai faites moi-même. Aprés avoir donc écrit succintement ce qui concerne leurs dehors , & en avoir fait pour ainsi dire en raccourcy le portrait exterieur, il faut les regarder dans la suite par des endroits plus étendus & plus cachés en donnant une idée nette & distincte du veritable estat des principes interieurs qui les animent & qui font la source de toutes leurs vertus.

CHAPITRE VII.

Où l'on examine si les Eaux de Bourbons sont minerales.

TOutes les Eaux que la terre éleve sur sa surface & dont l'usage s'employe à la guerison des maladies qui affligent le corps de l'homme, sont reputées d'abord pour Mine-

rales. On les regarde comme
des Eaux excellentes reveſtuës
d'une puiſſante force , & animées par une teinture ſubtile
tirée d'un metail ou d'un mineral qu'elles ont penetré, & qui
leur donne cette Energie qu'on
ne trouve jamais dans les Eaux
ſimples, tant qu'elles conſervent
leur caractere naturel. Ainſi les
Eaux de Bourbon dont on é-
prouve tous les jours des effets
merveilleux dans les maladies
les plus deſeſperées ſont conſi-
derées comme des Eaux extraordinaires diſtinguées de toutes
les Eaux communes , & remplies de la force de quelque
excellent mineral qui y eſt en
diſſolution.

Cette opinion de la vertu minerale des Eaux de Bourbon,
eſt ſi univerſellement receuë
dans le monde, qu'elle n'a eſté
juſques icy combattuë par au-

cun sentiment contraire. Cependant elle semble d'abord douteuse quand on recherche avec soin la nature du mineral dont ces Eaux doivent estre empreintes , personne n'ayant sceu jusqu'à present en determiner l'espece; mais elle paroist ensuite tout-à-fait fausse , par les reflexions qu'on peut faire sur ce sujet qui détruisent entieremenr cette oppinion , & on est surpris de voir une erreur si generalle à l'égard d'un fait ou la vie & la santé de tant de peuples qui y ont recours , se trouve si fort interressée.

Car enfin , quand on considere le regne mineral estendu sur des corps massifs & pesans , dont les principes corporels associez sous des combinaisons serrées , sont privez des mouvemens intestins qui donnent la vie aux mixtes dans lesquels ils se trouvent répandus ; quand on voit que les parties , que l'art detache des metaux , quelque petits qu'en soient les fragmens, ne perdent jamais le caractere de leur espece , si puissant que soit le feu dont on se sert pour les desunir : quand on remarque, que la chaleur centrique, & le souffre radical , qui reluit dans la plûpart des mixtes naturels , est esteint & comme étouffé dans la famille mineralle, où l'on ne trouve les traces d'aucun feu actuel ; on ne conçoit pas aisément, que les Eaux de Bourbon qui sont vives , animées par des principes legers , doüés d'une extraordinaire penetration , & remplis de vertus actives , sublimes , & comme vivifiantes ; qui charrient de la terre un sel volatil, ou un nitre tres-delié , qui s'envole facilement ; n'ayant pas même parce qu'il a de plus fixe & de plus groſſier la même convenance à aucun ſel mineral : qui ſont boüillantes , comme ignées & empreintes de ſoulfres vifs, mobiles & agitez , leſquels y répandent une chaleur fort ſenſible ; on ne conçoit pas dis-je aiſément , que ces Eaux ſi oppoſées par les endroits qui leur conviennent, à ce qu'on trouve attaché & comme eſſentiel au genre metallique, puiſſent avoir aucun caractere mineral , ni tirer leurs vertus de quelques lieux ſouterrains placez dans les dépendances de la famille mineralle.

Mais comme il faut deſſiller icy les yeux du public , & de tromper même la plûpart des Medecins prévenus de l'oppinion contraire ; il eſt à propos de traitter la matiere un peu plus à fond , & la tirant de plus

loin

loin, l'appuyer de quelques reflexions qui éclaircissant ce sujet, dissiperont l'erreur & la
fausse prevention où lon est à
cét égard.

CHAPITRE VIII.

Où l'on fait voir que les Eaux
de Bourbon ne sont pas
minerales.

LEs frequentes maladies où
les hommes furent sujets
aprés le deluge universel ont
tiré leurs premieres sources des
dissolutions minerales, quand
par un effet terrible de la colere de Dieu, les abysmes des
fontaines estant rompus, les
eaux souterraines qui croupis-
soient dans l'interieur de la
terre, se mirent en mouvement,
pour se derober au dehors; &

penetrerent les divers mineraux qui étoient cachez dans
ses entrailles : d'où l'on conçoit
que les plantes inondées des
eaux, & croupissantes dans leur
limon, en furent abbreuvées,
& comme empreintes, ayant
receu dés lors des impressions
metalliques qui se répandirent
par des mouvemens successifs
dans les corps des hommes &
des animaux, où elles ont été
dans la suite les semences funestes d'où le genre humain vit
éclorre les infirmités qui le
travaillent.

Mais il arriva aussi par un con-
trepoids admirable de la sagesse
& de la toute puissance de Dieu
qui balance en quelque façon
tant de maux differens, que
les mesmes mineraux qui a-
voient jetté leur poison dans
ces premieres impregnations,
en estant épurés, verserent

aprés en divers endroits de la Terre des effusions salutaires dans les sources des eaux minerales qui ont toûjours éfté depuis ce temps-là des remedes excellents dans la cure des maladies dont ils avoient fourny les premiers germes.

En effet la plûpart des maladies qui affligent le corps de l'homme devant leur principe & leur origine aux amas des sels mineraux & tartareux, qui par leurs parties roides, pefantes, & inflexibles, ne peuvent faire aucune bonne union avec les principes corporels de la vie faine, qui ont beaucoup de legereté & de mollefse; il eft conftant qu'elles ne peuvent eftre mieux combattuës, que par des remedes égalemét actifs & puiffans, qui en rabattent promptement la force, en faifant la diffolution de leurs fels, & les

enlevant des minieres où ils s'é-
xaltent. Or cela ne reuffit jamais avec plus d'éclat que dans
l'ufage des eaux minerales, lefquelles par les particules falines
vitrioliques, alumineufes, nitreufes & martiales dont elles
font impregnées, & qui ont une
puiffante folidité, diffolvent le
tartre microcofmique, & les
fels irritans, fermentatifs &
ftyptiques, dont le corps de
l'homme eft ordinairement em-
baraffé dans prefque toutes fes
maladies.

Or les eaux où l'on trouve
cette vertu font appellées minerales, à caufe que les torrens
fouterrains qui en fourniffent
la fource penetrent la mine
d'un, ou de plufieurs metaux,
ou mineraux, & en détechent
une infinité de petits fragmens
qui les impregnent d'une puiffante teinture: d'où il arrive

que comme les menſtruës tirés
des mineraux, ouvrent les me-
raux, les marchaſites, & tous
mixtes ſolides, avec leſquels il
ſemble qu'ils ont de la convenance ; de même ces petits
fragments inviſibles ſortis des
matrices minerales, & étendus
dans les eaux ſouterraines, y
répandent une énergie, & une
vertu capable de guerir en les
rendant propres à faire la diſſolution des ſels fixes, & à
rompre les alliages des tartres
cragulés, par le rapport qu'ils
ont avec eux, à cauſe de leur
nature minerale.

Mais ces corpuſcules ſubtils,
detachez des mineraux, donnant aux eaux qu'ils impregnent des vertus qui ne ſont
pas dans les eaux communes,
les diſtinguent auſſi par deux
autres endroits, en leur imprimant un gouſt different de ce-

luy des eaux ordinaires, & leur
laiſſant encore ce caractere particulier, qu'elles depoſent dans
leur évaporation un marc mineral meſlé toûjours de quelque reſidence ſaline, qu'on ne
trouve jamais dans les eaux ſimples.

Car comme les eaux comm-
nes ſont d'elles-meſmes foibles
& impuiſſantes, & que la teinture minerale dont elles ſe ſont
chargées dans la terre, les rend
inſinuantes & actives, & leur
donne la force, l'activité, &
la vertu de s'inſinuer dans les
parties les plus ſecretes du
corps humain, & les ſont agir
ſur les matieres degenerées, en
les attenuant & rompant les
combinaiſons de leurs ſels : il
arrive auſſi que cette meſme
teinture qui conſiſte en des
fragmens tres-menus, ou en
une raclure tres-fine detachées

de la surface du corps des métaux ou des mineraux, paſſant
par la bouche, affecte les fibres
de l'organe du gouſt, & y imprimant quelques traces du
métal ou du mineral dont elle
tire ſon origine, y fait ſentir
un gouſt d'alun, de vitriol ou
de mars, qui ſe trouve même
diverſement meſlé ſelon la di-
verſité des métaux ou des mineraux, dont les eaux que l'on
boit ont tiré la teinture.

Or la tenuité des corpuſcules de cette raclure ſubtile dont
la penetration & la peſanteur
ſe decouvre à l'organe du gouſt
par l'âpreté, la pointe, & la
ſtypticité qu'elle y laiſſe, ſe de-
robe toûjours aux yeux qui ne
peuvent jamais la demeſler parmi les parties molles & plian-
tes du flegme tant que les eaux
minerales conſervent leur fluidité naturelle ſans avoir paſſé

par l'évaporation ; mais ces corpuscules pesans qui ne sont pas
dissipables deviennent tout-à-
fait visibles & paroissent sous
un estat fixe & corporel, quand
le feu sur lequel on évapore
ces eaux ayant enlevé leurs
parties fluides qui par leur legereté s'envolent aisément, la
substance minerale , qui pese
trop pour suivre les vapeurs de
l'eau qui s'exhale, rapproche
ses parties , à mesure que celles du flegme qui les tenoit é-
cartées, se dissipent dans l'air.
De maniere que si par un feu
continué , & donné à propos,
on a soin de consommer tout
le flegme ; on verra que la teinture minerale liée d'abord sous
la forme de pellicule, se resser-
rera peu à peu en une concretion plus forte, laquelle se fi-
xera enfin en une residence seche & massive , ou toutes les

parties du mineral auparavant
écartés, se trouveront réünies
sous la forme d'un corps solide,
qui participe à la nature du
principe souterrain dont elles
ont esté détachées.

Mais la raison la plus con-
vaincante & la plus sensible de
ces divers effets se prend de
quelques reflexions un peu de-
tournées, & tirées toûjours du
genre mineral; lesquelles ayant
du rapport à cette matiere,
nous conduiront d'une maniere
promte & distincte au vray sentiment que l'on doit avoir de
la pretenduë vertu minerale
des eaux de Bourbon.

Il faut donc remarquer que
les metaux & les mineraux ont
leurs principes tellement ref-
ferrez dans leur mixtion, que
comme les liens en paroissent
indissolubles, l'experience fait
voir qu'ils souffrent une lon-

gue fufion fans perte de leur fubftance, & fans alteration de leurs qualitez; & que la Chymie n'a pas encore trouvé le fecret d'en faire une veritable analyfe, leurs alliages fi adherans & fi fixes eftant à l'épreuve de tous les degrez de feu qu'on employe pour les defunir.

Que l'art ne pouvant pas en cela feparer ce que la nature a joint fe contente d'ouvrir les metaux, de les broyer en fragmens, & d'en faire une attenuation fi fubtile, que cette diffolution femble en quelque façon imiter la decompofition de plufieurs mixtes naturels de la famille vegetale, ou les principes élementaires perdent tout-à-fait leurs unions.

Que quand les metaux & les mineraux font broyez, & que l'artifte veut les ouvrir pour

foüiller jufques dans leurs parties centrigues, il a beau fe fervir des eaux fimples pour cela.
Ce qu'il voudroit en feparer
a une adherance trop forte; &
les eaux communes fe trouvent
trop impuiffantes & trop foibles pour en faire le moindre
detachement.

Que quand les eaux ordinaires font armées de fels, comme par exemple de ceux du fal-
petre, de l'alun de roche, du
tartre vitriolé, du fel commun,
du minium, du fel armoniac,
& d'autres femblables, elles ont
pour lors une force qui eft capable de diffoudre & de balancer la folidité du metail. Elles
font en eftat de penetrer l'interieur: elles l'entament par
leurs petites pointes qui font
roides & perçantes comme des
tranchans tres-aigus, & elles
en raclent des lambeaux fort

menus, qui se logent dans les pores du menstruë qui vient de les detacher, & forment par ce mélange ce qu'on appelle dissolution ou teinture.

Que ces fragmens deliez tirez des mineraux ont un point de subtilité qui leur donne de la penetration & du mouvement; en sorte que les eaux qui en sont chargées, passent facilement par les filbres, estant propres ensuite à plusieurs effets merveilleux, & ayant des vertus excellentes pour la guerison de diverses maladies.

Que dans leur petitesse ils conservent toûjours des caracteres assez sensibles de l'espece du mineral dont ils sont sortis; puisque leur dissolution a un goust ou de Mars, ou de Saturne, ou de vitriol, ou d'alun, ou d'autres saveurs meslées, qui laissent dans l'organe.

du goust un certain caractere
de sentiment, lequel reveille
en nous l'idée du metal ou du
mineral qui s'y trouve dissous;
& que quand le vehicule dans
lequel ils sont étendus, vient
à se consommer dans leur évaporation: ou que par le mélange d'une autre liqueur qu'on y
répand, il est affoblit & con-
traint d'abandonner ce dont il
estoit chargé, comme il arrive
dans la precipitation; on voit
alors que la substance minerale
est unie, & liée dans un coagulum ou une concretion assez
fixe; ou qu'elle est precipitée
en une poudre subtile, dans laquelle le mineral qui sembloit
estre détruit par la precedente
dissolution, se trouve non seulement revivifié parmi quelques pointes de son menstruë,
qui s'estoient fichées dans les
fragmens qu'elles en avoient

détachez ; mais il paroift encore dans un eftat de folidité, qui
le rend inebranlable à tous les
efforts du feu, dont l'artifte fe
fert pour en faire l'analyfe.

Or comme l'art imite la nature en plufieurs occafions, il
nous monftre ici clairement fes
manieres d'operer dans l'interieur de la terre, à l'égard des
eaux minerales qui s'y forment.

Les metaux & les mineraux
cachez dans les entrailles de
la terre s'y trouvent comme
broyez fous la forme d'une
poudre groffiere meflée dans
les mines de plufieurs terreftreitez dont elle eft environnée. Les eaux fouterraines qui
les penetrent eftant fimples &
naturelles, fans eftre renduës
plus actives par aucun fel interieur, paffent legerement fur
les metaux & les mineraux qui

y font couchez & n'en tirent
aucune teinture. C'eſt de là
que ces eaux qui s'élevent enſuite ſur la ſurface de la terre
ſont communes & ordinaires,
& qu'elles n'ont en elles aucun caractere de mineral.

Mais quand elles rencontrent
dans leurs routes des ſels ſolu-
bles, & qu'aux approches des
mines où elles vont ſe répandre, elles tombent ſur des maſ-
ſes ſalines dont elles font quelque diſſolution ; il arrive que
ces eaux aiguiſées par les pointes de ces ſels, acquierent une
force diſſolutive, & qu'elles
tirent comme des menſtruës
tres-forts une teinture des metaux ou des mineraux, ſur leſquels elles coulent, en raclant
leur ſuperficie par leurs aiguillons ſalins, & detachant de
leur exterieur de petits fragmens tres-menus, dont elles ſe
chargent.

Ainsi ces eaux remplies & de la dissolution des sels, & de la teinture des mineraux, dont elles ont fait l'extraction, s'épurent dans leur chemin à travers les pores de la terres qu'elles penetrent, & qui sont comme des filbres souterrains, où elles laissent leur lie; de sorte que quand aprés elle se donnent jour au dehors, elles y paroissent avec une merveilleuse l'impidité qui ne les distingue d'abord en rien des eaux simples & communes.

Cependant quand on les examine de prés, on y reconnoist trois caracteres qui ne conviennent pas aux eaux ordinaires, & qui font tout l'apanage des eaux minerales.

Premierement ces eaux ont un goust particulier qui est par exemple ou martial, ou alumineux, ou vitriolique, & qui se

trouve mesme diversement mêlé dans plusieurs eaux, laissant
voir par là, la teinture minerale dont elles sont impregnées.

En second lieu, ces eaux
estant beuës passent assez promptement par les urines & par
les selles; & au lieu que les
eaux communes prises dans une
égale quantité, croupissent dans
le corps, embarrassent l'estomac, & enflent mesme le ventre; celles qui sont minerales
n'y séjournent point. Elles se
distribuent facilement, & coulent dans les canaux avec beaucoup de vistesse, elles enlevent
dans leur passage les obstructions des visceres: elles les detergent de plusieurs recremens
qui s'y trouvent ramassez: &
elles delivrent le ventre inferieur de tous les amas dangereux qui forment les minieres
des maladies.

Ces eaux enfin estant évaporées, laissent une residence saline ou un marc mineral, qui
paroist presque toûjours heten-
gene par les parties differentes
dont il est composé, dont les
unes sont les fragmens du metal ou du mineral qui a esté
dissous dans la terre, & les autres les pointes les plus actives
& les plus fermes des sels souterrains qui en ont fait la dissolution.

Voilà les trois caracteres qui
distinguent les eaux minerales,
s'il en manque quelqu'un la
preuve n'est pas complete, &
l'on est en droit de croire que
les sels souterrains qui les impregnent viennent d'une toute
autre source que de celles qui
sont dans la dependance du regne mineral. Voyons si tout
cela se trouve dans les eaux de
Bourbon.

Les eaux de Bourbon estant mises dans la bouche dés qu'on les a puisées, n'ont aucun goût, où l'on puisse demesler quelque chose qui tienne absolument du mineral. quand elles ont froidi, elles donnent un sentiment plus aigu : mais il n'a aucun veritable rapport à la saveur des sels tirez des mixtes souterrains de la famille minerale. La pointe mesme qu'on y trouve auroit plûtost de la convenance avec l'aiguillon du sel essentiel des plantes succulentes, & nitreuses, dont le goust est subtil, piquant, & mercurial, ne differant pas extrémement de celuy que les eaux de Bourbon froidies laissent sur la langue.

Les eaux de Bourbon passent facilement par les voyes de l'urine & par les selles; elles degagent mesme dans leur che-

min les pa ties embarraffez par
des concretions tar areu es, &
par des vieilles vifcofitez, &
par là elles furmontent beaucoup de maladies. Mais cette
promptitude à fe diftribuer, &
cette vertu d'agir ne font pas
toûjours des effets d'une force
minerale : car la furface de la
terre eftant couverte de plufieurs vegetaux qui ont des fels
diuretiques & laxatifs, propres
à détruire les minieres de diverfes maladies ; & ces fels vegetaux, ou ces fels nitreux qui
donnent ces vertus à ces plantes, s'eftant élevez du fond de
la terre vers fa furface pour entrer dans la famille vegetale ;
n'a-t-on pas lieu de croire qu'il
peut fe diffoudre dans fes entrailles mefmes quelques por-
tions de ces mefmes fels, qui
fe meflant avec des liqueurs
fouterraines qui les charrient

jusques au dehors de la terre, aprés leur avoir imprimé des proprietez à peu prés pareilles à celles qu'on trouve dans ces plantes ; c'est pourquoy l'on comprend qu'il est vray de dire qu'un principe mineral n'a pas toûjours part à ces deux effets ; qu'un sel vegetal peut estre aussi fondant en purgatif, qu'un sel mineral , & qu'on ne doit pas prendre pour un principe absolument clair & incontesta- ble, ni decider, que toutes les eaux extraordinaires faciles à se distribuer , promptes à passer par les urines & par les selles, & appropriées à la guerison de plusieurs maladies, soient pu- rement minerales ; puisque le fond de la terre que ces eaux penetrent sans cesse, est égale- ment inondé d'une abondance prodigieuse de sels vegetaux , qui s'y subliment, pour s'exalter dans le corps des plantes, quand les sels mineraux s'y precipitent, pour se fixer en des concretions & s'assujettir au regne mineral.

Les eaux de Bourbon laissent dans leur évaporation une residence saline, ou un veritable sel, meslé d'une fort petite portion de terre; mais ce sel marque clairement, qu'elles n'ont absolument rien de mineral : car les sels que les eaux minerales deposent dans les vaisseaux où l'on en fait l'évaporation, sont ordinairement des sels de plusieurs especes, comme par exemple des sels nitreux, vitrioliques, alumineux, ou martiaux, dont les parties resserrées sous des alliages tres-forts, ne peuvent pas estre desunies par la violence du plus grand feu, au point de la veritable analyse. Au contraire le sel fixe tiré des eaux de Bourbon, selon la maniere ordinaire, est un sel uniforme, puisqu'à un peu de terre prés, on n'y voit rien d'heterogene. Ce sel est encore d'une tissure tres-rare, & fort opposé par là à l'adherence & à la solidité qui regnent dans les sels mineraux : car il se fond promptement dans l'eau : l'humidité de l'air le resout : & s'il est mis dans un pot de terre fermé, il n'y sera pas à l'épreuve de plusieurs années, sans que son tissu s'y relasche, & qu'il y perde tout à-fait sa force.

Enfin les sels mineraux, à ceux du tartre & du nitre prés, que je ne comprens pas ici sous le regne mineral, à cause que l'un est l'excrement du suc de la vigne, qui tient le premier rang parmi les vegetaux, & que l'autre tire son meilleur

fond de l'esprit acide de l'air,
qui penetre sans cesse le corps
des animaux, où il soutient les
mouvemens qui les animent,
& qui se répand aussi dans les
plantes où il entretient la vie
vegetative. Ces sels, dis-je, tirez des mineraux par la violence du feu n'estant jamais
des sels alkalis, & les sels de
ce caractere sortant toûjours du
regne des vegetaux, qui les
donnent en abondance dans
leur calcination; il semble que
le sel alkali, fixé au fond du
vaisseau aprés l'évaporation des
eaux de Bourbon, auroit plûtost du rapport à un sel vegetal, qu'à un sel extrait de la famille minerale.

Le soulfre mesme des eaux
de Bourbon, qui est vif & mobile, a une espece de convenance avec le soulfre des vegetaux, qui est actif & vital, &
qui

qui fort de la plufpart de leurs mixtes diftillez, fous la forme d'une liqueur ardente, appellée bran de vin, ou eau de vie; cela fe voit dans l'analyfe de leurs racines, de leurs graines & de leurs fucs. Mais le foulfre des mineraux eft caché fous les concretions des fels, qui font tres-fortes & tres-maffives & qui le refferrent d'une maniere fi fixe, qu'elles n'e laiffent échaper aucune étincelle, que par l'action des eaux cauftiques, brûlantes, & deftructives, dont les feux font acres & confommans, & la fumée de la plûpart corrofive & venimeufe. D'où il eft aifé de conclure, que les eaux de Bourbon confiderées par les principes actifs dont elles font empreintes, & qui y impriment tant d'excellentes vertus, ne doivent pas eftre plus cenfées mi-

D

nerales que vegetales, tout ce que nous avons écrit dans ce Chapitre infinuant affez qu'elles n'ont abfolument aucun caractere mineral.

Mais comme la connoiffance parfaite des principes actifs répandus dans les eaux de Bourbon, fait la veritable fcience de ces eaux, il faut defcendre dés à prefent dans le detail des chofes qui peuvent en donner une idée jufte & precife.

CHAPITRE IX.

Idée generale des principes actifs des Eaux de Bourbon.

LA chaleur qui regne dans les eaux de Bourbon, & le gouft aigu qu'on y trouve, marquent d'une maniere fort fenfible, qu'elles enferment deux fubftances actives, dont

l'une eſt un ſoulfre vif, mobile, & animé, qui les rend chaudes & boüillantes dans leur
ſource, & l'autre eſt un ſel ſubtil & piquant, dont les pointes deliées qui paſſent ſur l'organe du gouſt, y font ſentir
l'impreſſion d'une pointe mer-
curiale, qui reveillent d'abord
en ceux qui boivent de ces
eaux l'idée d'une acidité obſcure.

Mais ces eaux quelque boüillantes qu'elles ſoient, tombant
ſur les mains, ſans y laiſſer aucune trace de feu, & paſſant
meſme dans la bouche ſans la
brûler, ce que feroit ſans doute l'eau commune, chaude à
un pareil degré de chaleur, on
comprend de là aiſément que
leur ſoulfre n'eſt ni fougueux
ni rapide, ni leur ſel acre, ni
rongeant, pour agir violemment, & d'une maniere peſan-

te & brusque sur les fibres de ces parties, y laissant un senti-ment douloureux & meslé d'ar-deur, semblable à celuy qu'on y ressent par l'application de l'huile, de la graisse fonduë, du vin, & d'autres liqueurs soulfreuses, où il regneroit un mesme degré de chaleur.

Or comme ces deux princi-pes actifs se trouvent dans les eaux de Bourbon sous des états moderez; on a lieu de croire que le soulfre y est doux, bal-samique, & brisé en des cor-puscules ronds & spheriques; & que le sel qui les allie avec l'eau, y est volatil & temperé, ayant des aiguillons legers & benins, depoüillez de la vio-lence & de l'acreté qui se fait sentir dans les écoulemens des sels échapez du bois qui brûle, entre lesquels il paroist qu'il y a une extrême disproportion.

Car si l'on prend de l'eau de
Bourbon nouvellement puisée,
en sorte qu'elle soit chaude &
presque boüillante, & qu'on
l'expose aux écoulemens sul-
furés & salins qui fluent du bois
qui brûle, aprés l'avoir enfer-
mée dans un pot de terre placé dans la sphere des effusions
de leur chaleur, & mis à portée de leur action : on verra si
peu de rapport entre les particules de feu , qui sortent du
bois, & qui sont acres & destructives , & entre les corpuscules de l'eau de Bourbon, qui
ont une chaleur douce & temperée, que cette eau, qui en
est toute empreinte , ne sera
pas plus susceptible de leur impression, que l'eau froide, dont
les parties opposées entierement à celles du feu, ne laissent pas d'estrë remuées avec
autant de promptitude & de

rarefaction que celles de l'eau
chaude , bien qu'elles soient
mises en mesme tems sur un
mesme feu dans un vaisseau é-
galement épais, & d'une égale
grandeur. Et quoy-qu'il semble
qu'on put expliquer naturellement cet effet par la plenitude de l'eau de Bourbon , dont
les pores remplis d'une abondance de sel & de soulfre qui
y sont répandus, ne laissent pas,
dira-t-on de place , pour y recevoir les corpuscules du feu
qui l'environne, qui trouvent
plus de facilité à s'insinuer dans
l'eau froide , à cause qu'elle est
simple & parsemée de plusieurs
vuides interceptées, où ils entrent, se rassemblent, s'agitent,
& impriment ce mouvement
sensible qui paroist dans l'ébullition ; neanmoins il est tres-
vray de dire, que le peu qu'il y
a de conformité entre les prin-

cipes du feu , & ceux de la chaleur de l'eau de Bourbon , y a
plus de part que toute autre
chofe : car les uns & les autres
ont des configurations toutes
differentes , & des mouvemens
oppofez ; & comme ceux - cy
forment par cette difproportion
des pores entierement divers ;
il arrive auffi que les corpufcules ignés , qui coulent fans ceffe du bois qui brûle , n'y trouvent pas des entrées propor-
tionnées pour s'y infinuer, qu'ils
ne peuvent pas y paffer en foule , & que le peu qu'il y en coule , n'a aucun rapport avec le
foulfre qui y eft enfermé , &
qui n'y eft émeu que d'une maniere lente & difficile.

Or bien que le foulfre foit le
principe qui contribue le plus
à rendre les eaux de Bourbon
chaudes & boüillantes , par l'a-
ctivité de fes petits corps glo-

buleux qui sont fort susceptibles de mouvement & de flagration ; nous ne voulons pas
neanmoins en parler ici plus au
long à cause que nous en don-
nerons dans la suite une idée
nette & distincte , non seulement en expliquant la chaleur
& l'ébullition de ces eaux, mais
encore en developant leurs vertus , & leurs manieres d'agir
dans le corps humain par l'operation de leur soulfre.

Nous allons donc nous fixer
presentement à la recherche de
la science de leur veritable sel :
car ce principe estant la source
de leurs principales vertus ; la
connoissance que les épreuves
suivantes pourront nous en
donner, nous menera à un dis-
cernement tres-utile, qui nous
éclaircira & de la nature de ces
eaux, & de la methode de s'en
servir dans les maladies où elles
conviennent.

CHAPITRE X.

De l'évaporation des Eaux de Bourbon, & des épreuves dif-ferentes faites sur leur sel.

LE sel ayant esté toûjours pris pour un principe pe-sant, dont les parties fixes ne sont pas fort aisées à dissiper, on a crû qu'en évaporant les eaux de Bourbon, le flegme qui s'éleve facilement en vapeur à cause de sa legereté, laisseroit au fond du vaisseau le mesme sel dont elles sont emprintes; & qu'ainsi cette voye mene-roit comme par une route cer-taine à la connoissance de leur sel naturel.

Lors donc qu'on en veut fai-re l'évaporation selon la manie-re ordinaire, on prend une pin-te d'eau de Bourbon, nouvel-

D v

lement puifée de fa fource on
la verfe d'abord dans un vaiffeau de terre placé fur un feu
de fable. Aprés quoy l'on ob-
ferve, que l'eau fe confomme
fenfiblement, reftant fort claire
pendant tout le cours de l'operation, & laiffant au fond du
vaiffeau une refidence faline,
ou aprés l'avoir diffoute, fil-
trée, & évaporée, l'on trouve
cinquante grains de fel bien
pur, & fept grains de terre blanche & legere reftée dans le filtre.

Si le vaiffeau où l'on évapore
ces eaux, n'eft pas bien clair &
qu'il y ait quelque fcorie attachée au verre, le fel fixe des
eaux en fera la diffolution, &
prendra par cet alliage une confiftence de talc. Cela eft arrivé
dans le Convent de Bourbon
au Frere Clement Capucin, qui
fit dans le mois de May de l'an

1691. l'analyſe de ces eaux, &
pluſieurs épreuves ſur leur ſel,
en preſence de Meſſieurs Alliot
Medecin ordinaire du Roy. &
de la Rouviere Docteur en Medecine.

Quand on fait cette operation dans un lieu froid, & dans
un vaiſſeau de terre retreſſi vers
ſon col, & élargi dans ſon fond,
& placé ſur un feu de ſable : ce
qu'il y a de plus volatil, & de
plus leger dans le ſel des eaux,
s'attache aux coſtez du vaiſſeau
ſous la forme de petits criſtaux
deliés, luiſans, & ayans une figure piramidale, tandis que la
partie la plus fixe, & la plus
peſante ſe coagule au fond, en
des monceaux plus épais, &
ſous une couleur moins blanche.

Cela ne réuſſit pas toûjours
de meſme, quand on travaille
dans un lieu élevé, & ouvert au

midy. Comme l'air y est d'ordinaire plus leger & plus échauffé que dans les lieux bas; il arrive que l'exhalaison saline exprimée de l'évaporation des eaux, monte en droiture, & s'envole dans l'air. Mais si l'endroit où l'on évapore ces eaux est froid, & si l'air exposé au Nord, y a plus de pesanteur & de consistence; on voit que le sel qui s'exalte circule dans le vaisseau où il s'attache enfin aux parois en s'y condensant en une matiere cristalline.

J'ay fait deux fois cette épreuve sur le lieu chez Monsieur Bourdier Medecin de Monseigneur le Duc de Bourbon, dans une chambre basse, dont l'air estoit assez froid, le second & le sixiéme jour du mois d'Octobre de l'année 1691 : & sur deux pintes d'eau j'ay trouvé environ seize grains d'un sel cristallisé adherant aux coſtez du vaiſſeau, & ayant une figure piramidale : mais le fond parut en meſme tems couvert d'une reſidence griſaſtre, tirant un peu vers le blanc, dont j'ay tire aprés ſa diſſolution dans l'eau commune, ſa filtration, & ſon évaporation quatre vingt dix grains de ſel fixe, & treize grains de terre legere. Cette terre eſtoit ſeche, uniforme, & inſipide : mais les ſels paroiſſoient bien differens.

Le ſel attaché aux coſtez du vaiſſeau, ſe trouvoit clair & brillant, à cauſe qu'il eſtoit pur & degagé des parties de terre qui fletriſſent la tranſparence des ſels, & qui reſtoient au fond du vaiſſeau, meſlées avec le ſel fixe, qui en eſtoit obſcurci, & qui s'y laiſſoit voir ſous une couleur griſe.

Il eſtoit criſtallin, preſque

rond , & se terminoit en une petite pointe.

Il n'avoit aucun goust d'a-mertume, de stypticité, de saleure, d'acreté , de douceur, ni aucune de ces saveurs meslées: mais on y trouvoit seulement un aiguillon assez vif, qui irritoit la langue, & y imprimoit un sentiment aigu , où l'on demesloit quelque sorte d'acidité.

Il n'estoit pas si soluble dans un lieu humide qu'un sel lexivial : mais il se fondoit assez promptement dans l'eau, à la maniere du salpestre raffiné.

Estant mis en poudre, & arrosé de quelques goutes d'aigre de soulfre, ou d'esprit de vitriol , on ne voyoit naistre de leur meslange aucune éleva-tion, qui marquât de l'effervescence : ce qui fait voir que ce sel n'estoit pas actuellement alkali.

Estant dissous dans une quan-
nité suffisante d'eau de fontai-
ne, & sa dissolution versée sur
du sel de tartre, sur du sel de
vipere, sur de la poudre de per-
les, de corail, & de corne de
cerf calcinée, & enfin sur les
alkalis les plus ouverts, que la
chymie puisse fournir ; il n'y
donnoit aucune sorte d'ebulli-
tion ; ce qui marque fort nettement, que l'acidité de ce sel
n'est pas assez deliée, pour deployer sa force & son mouvement, sur ces differens sels, &
sur ces matieres alkalisées, son
volatil s'y ttouvant encore arresté sous les envelopes d'un
sel plus fixe, où il ne regne aucune acidité exaltée.

Estant jetté sur une chandelle allumée, il fait un bruit fort
soudain, petillant à peu prés à
la maniere du sel marin qu'on
decrepite, & élevant un peu

de flamme bleuë à la façon du salpeſtre.

Sa diſſolution blanchit celle du ſublimé corroſif ; comme fait la diſſolution du nitre.

Elle precipite en blanc la diſſolution du ſel de Saturne, ainſi que fait le nitre diſſous.

Elle rougit un peu la teinture de tourneſol, comme fait l'impregnation de ſalpetre.

Elle fait le meſme effet ſur l'huile de tartre, & ſur les diſſolutions du camphre, & du vitriol, que la diſſolution du nitre y imprime.

Toutes ces experiences marquent ſans doute, que le ſel naturel de l'eau de Bourbon, eſt un nitre, un ſel androgin, d'une nature moyenne entre le volatil & le fixe.

En effet il eſt compoſé d'un acide volatil, & d'un alkali fixe, aſſociés ſous un alliage aſſés re-

lâché, qui fait que leur diffi-
pation est aisée, quand le sel
est soumis à l'action d'un feu
tant soit peu fort : mais qui
les empêche, tant qu'ils font
combinés de repandre sur les
sels alkalis qu'ils touchent, les
effets de leur mouvement &
de leur vigueur, & les marques
sensibles & éclatantes qui font
connoître dans leurs meslanges
le caractere de ces sels.

Le sel que l'évaporation des
Eaux de Bourbon laisse au
fond du vaisseau est fixe, sans
figure determinée, & coagulé
en monceaux.

Sa dissolution dans l'eau commune, sa filtration, & une seconde évaporation le rendent
tout à fait blanc, à cause que
la terre dont il étoit obscurcy,
demeure dans le phyltre.

Il est d'un goust subtil & aigu, tirant un peu vers l'acide,

& le salé ; mais on ne peut pas bien faire le caractere de la saveur qu'on y trouve, ni exprimer precifement le rapport jufte qu'elle peut avoir à celle d'un autre fel connu.

S'il eft mis en poudre, & jetté dans l'eau commune, il fe fond d'abord ; & s'il eft expofé à la cave, ou dans un lieu fort humide, & dans un vaiffeau decouvert, il fe refoult fans le mélange d'aucune liqueur aqueufe.

Quand il eft fermé dans un pot de terre, où il a vieilly quelque temps, il le penetre d'une maniere infenfible, & couvre enfin fa fuperficie exterieure de petits filets criftallins, qui y paroiffent fous la forme de petits poils blancs ; & qui eftant fondus, parmy quelques goutes d'eau de fontaines, rendent leur impregnation piquante &

acide ; en forte qu'elle a un gouft tout mercurial & que fon mélange avec quelque grain de nitre fixé par les charbons y excite une effervefcence prompte & fenfible.

La diffolution du fel fixe des eaux de Bourbon verfée fur du fel de tartre, n'y imprime aucune agitation : meflée avec le fuc jaune de la veffie du foye des animaux, n'y donne aucune effervefcence : jettée fur de la limaille d'acier bien fine, ne la remuë point : repanduë fur le fel volatil de vipere, n'y excite aucune ébullion.

Ces diverfes experiences font voir clairement que le tiffu de ce fel eft extremement relâché; que fes parties y font liées fous des combinaifons tres foibles, qui le rendent fi foluble quand il eft penetré par l'air qui en affoiblit infenfiblement l'allia-

ge, ou qu'il eſt mêlé avec l'eau
qui en rompt bruſquement les
liens, que le principe qui en
ſoutient l'union, eſt un acide
ſubtil caché dans les entrailles
de ce ſel fixe, d'où il ne ſort
jamais pour voir le jour, que
quand la diſſolution de la matrice ou il eſtoit enfermé, luy
donne lieu de ſe produire, ſous
la forme de petits ſels criſtallins,
qui font éclater ouvertement
la nature & la force de leur
acide, par la naiſſance d'u-
ne effervefcence ſenſible,
quand ils tombent ſur un ſel
alkali.

Mais ſi l'on meſle de ce ſel
fixe avec de l'aigre de ſoulfre
ou avec de l'eſprit de vitriol
rectifié, il s'éleve une ſoudaine
fermentation dans laquelle l'un
ſe diſſout, & l'autre s'adoucit.

Si l'on verſe du vinaigre bien
fort ſur du meſme ſel : on voit

naiftre d'abord une agitation impetueufe, aprés laquelle fon aigreur fe trouve affoiblie.

Si la diffolution de ce fel fixe tombe fur de la teinture de corail faite avec de l'efprit de vinaigre ; elle fe precipite en une poudre blanche.

Si ce fel eft jetté fur des huiles coagulées par les fucs de citron, d'ofeille ou d'épine vinette ; il changea d'abord leur confiftence , en leurs redonnant leur premiere fluidi é.

Si fon impregnation eft repanduë fur du lait caillé par l'acide de la prefure, elle diffipe fa coagulation.

Si elle touche au fcories du verre, où il entre beaucoup d'acides fixes, elles les enleve d'abord.

Ces differens effets du fel fixe des eaux de Bourbon évaporées, & plufieurs autres que nous n'écrirons pas , & qu'il peut donner fur divers mixtes où il fe trouve une acidité acti-ve , montrent en ce fel d'une maniere fort claire & fort con-vainquante, le carractere d'un alkali ; puifque l'acide ne fe laiffant jamais mieux voir que dans les fermentations qu'il fait naiftre par fon mélange avec l'alkali ne manifefte jamais plus ouvertement ce qu'il eft, que quand il remuë des corps, où il regne quelque acidité exaltée.

CHAPITRE XII.

Où l'on voit que le Sel naturel de l'eau de Bourbon n'eft pas Alkali.

LA plufpart de ceux qui ont travaillé aux épreuves des eaux de Bourbon en ont fait l'analyfe d'une maniere fi grof-

fiere, qu'ils ont porté feulement leur veuë fur l'abondance du fel fixe, qui fuit toûjours
leur évaporation ; ce qui leur
a fait fans doute penfer, que
comme ce fel fermentoit avec
les aigres, qu'il les adouciffoit,
qu'il precipitoit leurs diffolutions, & que par ces divers effets il montroit en luy la nature d'un alkali ; le fel qui eft répandu dans l'eau de Bourbon,
tant qu'elle conferve fon eftat
naturel, devoit eftre abfolument de ce caractere, & rendre ces eaux propres à toutes
les maladies, où il falloit détruire des acides émancipez, &
aneantir les minieres où le regne des aigres tartareux étoit
établi.

Cependant ce principe eft
abfolument faux ; parce que
l'alkali que l'art détache des
mixtes, eftant toûjours l'enfant

du feu, celuy que l'évaporation
des eaux de Bourbon laiſſe au
fond du vaiſſeau ſous la forme
d'un ſel fixe, n'y paroiſt alkali-
ſé qu'aprés que le feu a con-
ſommé les parties molles de
l'eau, qui ſont legeres & diſſi-
pables, & qu'il a enlevé en même tems le nitre, ſubtil ou le
principe mercuriel, dont l'interieur du ſel fixe eſtoit empreint. Ainſi ce ſel affaiſſé par
ſon propre poids, & mal propre à l'exhalaiſon, reſte au fond
du vaiſſeau, denué de l'acide
actif, auquel il eſtoit uni, ſe
trouvant tout parſemé des pores & des eſpaces qu'il rempliſ-
ſoit auparavant : d'où il arrive
que le tiſſu de ce ſel fixe eſtant
ouvert & relaſché, il eſt non
ſeulement permeable, & ſujet
à eſtre penetré par les pointes
des acides fermentatifs, qui y
cauſent des expanſions, mais
encore

encore il est soûmis à l'action
de l'air & de l'eau, qui l'abreu-
vent facilement, en delient
promptement les parties, & en
dissolvent toûjours le tissu : ce
qui fait que ce sel se fond aisément dans un lieu humide, ou
dans un menstruë aqueux.

Cecy se confirme fort juste
par deux exemples connus tirez du bois qui brûle, & qui
laisse sa cendre dans le foyer :
& des plantes nitreuses & acides qui donnent du sel dans
leur calcination.

Premierement le bois renferme parmi les principes de sa
mixtion une abondance d'acides & d'alkalis, liés sous des
combinaisons assez relaschée,
& formant par leurs alliages
des sels essentiels nitreux, qu'on
tire des feüilles de l'arbre dans
sa verdeur, & que l'eau mesme
en penetrant le bois à la force

de diſſoudre comme elle fait dans le bois flotté, dont la cendre legere n'a preſque pas de ſel. Quand donc le bois eſt mis ſur le feu, & que la flamme environnante qui commence à l'attaquer, en delie les princi-pes conſtituans ; la partie la plus fixe du ſel du bois reſte dans le foyer, meſlée avec la matiere terreſtre, ſous la for-me de cendre : & ce qu'il y a de plus nitreux, & de plus aci-de, s'éleve avec ſes fuliginoſi-tez, & s'attache à la cheminée dans la ſuye. Le ſel qui eſt dans la cendre, ſe fond dans l'eau commune, & par la diſſolution, la filtration, & l'exſiccation, il devient blanc & fixe, & fer-mente auſſi puiſſamment avec les acides, que le ſel fixe des eaux de Bourbon évaporées : mais le ſel qui eſt contenu dans la ſuye, s'y conſerve ſous un

estat d'acidité ; comme on remarque tres-bien dans quelques preparations du sel armoniac artificiel, qui tire la meil-
leure partie de son acide du
fond de ce sel.

En second lieu les plantes
succulentes & nitreuses qui
donnent des sels essentiels acides par le moyen de leurs ex-
pressions, estant mediocrement
sechées, & brûlées par un feu
doux, perdent le plus volatil
de leurs sels nitreux qui s'envole dans l'air avec la fumée ;
au lieu que le sel fixe qui en
estoit empreint, & qui avoit
mesme une acidité dominante,
tant que la plante demeuroit
dans son entier, se trouve ouvert, permeable, parsemé d'un
tres-grand nombre de pores ,
& enfin alkalisé.

Cela fait concevoir d'une
maniere nette & distincte, que

les alkalis que l'air produit, étant toûjours les enfans du feu, ceux qui reſtent aprés l'évaporation des eaux de Bourbon, & qui ſont à peu prés de ce caractere, ne doivent pas eſtre pris pour des ſels naturels. Mais comme cecy paroiſt plus clair, dans une experience juſte & convainquante faite ſur ces eaux, il eſt à propos que j'en marque ici le détail.

Qu'on prenne dans le mois de Juillet, ou d'Aouſt, le temps eſtant bien clair, & bien chaud, une quantité raiſonnable d'eau de Bourbon tirée nouvellement des puits, en ſorte qu'elle ſoit chaude & fumante. Qu'on la verſe dans un vaiſſeau de terre fort ouvert, & expoſé au midy, dans un lieu qui ſoit à l'abry des vents, & où le Soleil d'arde vivement ſes rayons. Qu'on prenne garde

que le vaisseau ne soit pas couvert de l'ombre d'aucun arbre,
d'aucune muraille, ni d'aucun
toit de maison, afin que le Soleil échauffe l'eau sans interruption, & que l'évaporation
s'en fasse incessamment.

On remarque que l'eau de-
croit peu à peu, & d'une maniere presque insensible, par la
perte de ses vapeurs, que le
Soleil éleve, & l'on voit enfin,
que toute l'eau estant consom-
mée, le fond du vaisseau est
tout couvert de sel.

Ce sel qui sans doute approche de l'estat du sel naturel des
eaux de Bourbon, a un goust
moins aigu, que celuy qu'on
tire des mesmes eaux, évaporées au feu de sable.

Il est meslé d'une legere portion de terre, qui luy oste quelque chose de sa transparence,
& diminuë sa blancheur.

E iij

Il touche les liqueurs acides, sans les exciter a aucune fermentation senfible.

Il ne precipite aucune diffolution faite par un menftruë acide.

Il ne redonne la fluidité à aucun mixte liquide, qu'un aigre avoit auparavant coagulé.

Tout cela marque, que ce fel n'eft pas alkali, puifqu'il n'imprime ni mouvement, ni effet, dans les corps où il eft répandu, & où il regne une acidité active.

Ainfi l'on a lieu de croire que ce fel a le caractere d'un fel androgin; & qu'il eft compofé d'un acide volatil, & d'un alkali fixe, dont l'alliage qui n'eft pas à l'épreuve du feu de fable, à caufe qu'il eft trop acre & trop penetrant, refifte à la chaleur du Soleil, qui évapore ces eaux d'une maniere lente &

douce, & fait, ou que ce sel
demeure dans son entier; ou
qu'une partie de son volatil s'y
conserve; & que ce qu'il y a de
fixe en demeurant empreint, il
n'est capable d'aucun de ces effets, qui conviennent aux sels
lexivieux, lesquels sont vuides
de leurs acides, ouverts & permeables, & alkalisez dans cet
estat.

Cette épreuve qui est forte
& convainquante, & qui fait
coup ici, ne vient pas de moy.
J'avouë que je ne l'ay jamais
faite, les affaires que j'avois à
Bourbon, dans le peu de tems
que j'y ay resté, ne me l'ayant
pas permis. Un artiste curieux
& digne de foy, m'en a donné
le memoire. Mais les experiences & les reflexions suivantes,
qui marquent encore d'une
maniere tres-claire, que le sel
naturel des eaux de Bourbon

n'eſt point alkali, ſont des ſuites fort veritables de ce que j'a y medité là-deſſus. Ainſi comme on doit les compter pour beaucoup dans cette matiere cy, je veux eſtre auſſi bien exact à les écrire.

Il faut donc ſuppoſer avant toutes choſes, que ſi le ſel naturel des eaux de Bourbon étoit alkali, & de la nature de ce ſel fixe, que ces eaux laiſſent aprés leur évaporation, il faudroit que les meſmes eaux euſſent les meſmes proprietez que celles qu'on trouve dans les eaux ſimples & communes, où l'on diſſout une quantité raiſonnable du meſme ſel à cauſe qu'elles ſeroient également impregnées d'un ſel de la meſme nature, qui dans l'une & l'autre diſſolution n'auroit rien de different. Cependant on y remarque toute autre choſe dans les épreuves ſuivantes.

1°. Qu'on prenne une quantité suffisante d'eau de Bourbon distillée, qui soit insipide
& depoüillée de son sel naturel ; qu'on fasse fondre dans la
mesme eau autant de sel fixe,
tiré des eaux de Bourbon évaporées, qu'une pareille quantité des mesmes eaux pouvoit en
contenir avant leur distillation:
qu'on ait soin d'échauffer cette
dissolution, au point à peu prés
du degré de chaleur, qui regne
dans l'eau de Bourbon nouvellement puisée, en la mettant
dans un vaisseau bien fermé, &
l'infusant ou dans l'eau des
bains publics, ou dans celle du
petit puits, jusqu'à ce qu'elle
soit fort chaude, ou presque
boüillante. Qu'on examine ensuite cette eau, & l'eau de
Bourbon, en mettant de l'une
& de l'autre dans la bouche,
pour juger de leur goust & de

leur chaleur. On trouvera d'a-
bord dans la dissolution du sel
fixe des eaux de Bourbon une
chaleur forte, piquante, laissant
sur la langue une vive impression de feu qui va à la douleur,
& suivie d'un sentiment d'acreté, où l'on demesle sensiblement les pointes inegales d'un
sel aigu, penetrant, & incisif.
L'eau de Bourbon au contraire
y repand une chaleur vehemente, qui n'a rien d'acre, de
corrosif, ni de douloureux, &
qui y imprime le goust d'un sel
subtil, nitreux & animé de quelque pointe mercurielle, où l'on
distingue un caractere de sentiment tout different de celuy
qu'on trouvoit dans la dissolution boüillante du sel fixe, mise
dans la bouche.

2°. Qu'on laisse froidir ces
deux differentes eaux ; on trouvera toûjours dans l'une, un

goust subtil, tirant un peu vers
l'acide , & reveillant d'abord
l'idée d'un sel nitreux ; & dans
l'autre des pointes plus trenchantes & plus sensibles, ayant
une acuité plus meslée : de maniere que ces divers effets, que
ces eaux impriment sur la langue, témoignent évidemment,
qu'elles sont chargées de sels
differens , dont l'un y laisse un
goust subtil, & mercuriel, mé-
lé d'un sentiment de chaleur
supportable, à cause qu'il est
volatil, leger , & tissu de pointes subtiles, delicates, & uni-
formes qui passent superficiellement sur la langue, & flottent pour ainsi dire doucement
sur les fibres de cet organe ,
sans y faire une impression pro-
fonde & outrée , qui pese sur
la partie, en y excitant un sentiment fascheux & violent ; &
l'autre y produit un effet d'a-

E vj

creté , accompagné d'une saveur meslée, & d'une chaleur
assez brusque, par les pointes,
roides, inegales & herissées,
dont ce sel est tissu, à la maniere des sels l'exivieux, qui tombent precipitamment sur l'organe du goust , dont ils desu-
nissent les fibres , en y causant
une espece de corrosion. Ainsi
l'on a lieu de conclure de la
diversité de ces perceptions,
que les causes qui les produisent sont bien differentes , &
que les sels de ces deux liqueurs devant avoir une considerable varieté ; si celuy qui
est contenu dans l'une est absolument alkali, le sel qui est enfermé dans l'autre ne l'est pas,
& qu'il est d'un tout autre caractere.

3°. Quand on verse sur la
dissolution du sel fixe des eaux
de Bourbon de l'esprit de vi-

triol, de l'aigre de soulfre, ou du vinaigre diſtillé, on voit que cette liqueur ſaline, penetrée par l'un de ces acides, s'enfle d'abord, & ſe rarefie, & que l'aigre qui y imprime le mouvement perd enſuite ſes pointes, & ſe trouve adoucy. Ce qui marque ſans doute d'une maniere tres-ſenſible, que cette diſſolution eſt chargée d'un ſel alkali : à cauſe que les ſels de ce carectere eſtant ouverts, permeables, & parſemez d'un tres-grand nombre de pores interceptez, & de routes anfractueuſes : les pointes des acides qui ſont mobiles & expanſives, s'y inſinuent facilement, & y deployent toute leur force, en parcourant avec éclat & tumulte, les eſpaces obliques, & reſiſtans, dans leſquels ils s'engagent, & fichent leurs aiguillons. Mais quand on jette

des mesmes acides sur une
quantité proportionnée d'eau
de Bourbon, ou boüillante,
ou froidie, ou diminuée du
tiers de son flegme par une douce évaporation; le mélange s'en
fait sans aucune effervescence,
& les aigres y conservent leurs
pointes , parce qu'elles n'y
trouvent aucun sel vuide , qu'-
elles puissent penetrer avec a-
gitation. D'où l'on conçoit assez que le sel naturel de l'eau
de Bourbon n'a point cette tissure entrouverte , qui est propre à l'alkali , & où l'acide à
tant de promptitude à s'émou-
voir ; mais que son tissu est
rempli à la maniere des sels nitreux , dont les parties fixes ,
qui en sont la base , se trouvent
empreintes d'acides volatils ,
qui les exaltent , & en occupent les interstices.

4°. La dissolution du sel fixe

des eaux de Bourbon decrasse
& blanchit le linge, ainsi que la
lexive & le savon. Ce qui vient
de ce que les taches qui s'alis-
sent le linge, estant des graif-
ses, des huiles, ou des soulfres
grossiers, épaissis par des acides,
& devenus fixes par le meslange de leurs pointes, qui les em-
barassent, & les rendent par là
adherens au linge : l'alkali de
la dissolution du sel fixe des
eaux de Bourbon, semblable
pour lors à celuy de la lexive
commune, qui est dans le sel
fixe du bois brûlé répandu dans
la cendre, & pareil mesme en
cela à l'alkali du savon, qui est
le sel fixe de la soude, meslé de
quelques huiles, absorbe dans
ses pores secrets les acides qui
lioient & fixoient les graisses.
D'où il arrive que les taches
estant par là deliées, & leurs
soulfres engloutis dans le sein

ouvert de l'alkali, le reste se
detache facilement ; en sorte
que le linge se trouve detergé,
& sa surface purifiée des excremens huileux qui la salissoient.
Sur cette idée là, si les eaux de
Bourbon ont un alkali naturel,
elles doivent decrasser & blan-
chir le linge & produire mesme
plus parfaitement cet effet, que
la dissolution du sel fixe de ces
eaux, que la lexive ordinaire,
& que l'alkali du savon, par
l'abondance & l'activité de leur
sel, qui estant beaucoup plus
subtil que ceux là, seroit aussi
plus penetrant & plus detersif,
pour effacer la crasse & les or-
dures que les acides huileux attachent ordinairement au linge. Cependant il en arrive tout
autrement, car le linge lavé dans
l'eau de Bourbon, y conservé
non-seulement ses taches ; mais
encore la crasse qui y estoit au-

paravant obscure, rougit , &
s'y manifeste davantage. D'où
l'on voit , que le sel naturel de
l'eau de Bourbon aussi rempli que le sel marin & le salpestre , dont les dissolutions ne
decrassent ni ne blanchissent le
linge ; qu'il n'a ni pores , ni interstices assez ouverts , ni presque aucuns vuides interceptez,
dans lesquels il puisse absorber
les pointes des acides qui épaississent les graisses; qu'il n'a point
le caractere de l'alkali pour a-
voir prise sur eux ; & que par
la nature nitreuse qui luy est
propre il n'agit sur la crasse &
sur les taches du linge , qu'en
effleurant leur surface, & y re-
muant en un sens les soulfres
superficiels , dont le mouvement & l'exaltation les rougit.

5°. La dissolution du sel fixe
des eaux de Bourbon estant

mise au lieu de l'eau simple dans une quantité proportionnée de farine meslée d'un peu de levain, ou de jet de bierre, retranche beaucoup de la fermentation de la paste, qui paroist avoir depuis ce mélange beaucoup moins de promptitude à s'enfler, qu'elle n'avoit auparavant quand on la preparoit simplement avec l'eau commune : ainsi le pain en est plus pesant & plus épais, & n'a pas le goût qu'on trouve dans celuy d'une paste bien fermentée. Or pour expliquer la cause la plus sensible de cét effet, & donner ensuite la connoissance qu'on en peut tirer, on n'a qu'à remarquer, que l'un des principaux ressorts du mouvement dont la paste est agitée, est le sel alkali de la farine qui la rend propre à s'enfler, quand elle est meslée d'un levain acide, qui le penetre &

l'écarte par l'activité de ses aiguillons, Car comme il arrive
par exemple, que l'alkali semi-
nal d'un grain d'orge , impregné de l'esprit acide de la rosée
qui vient de l'humecter, se remuë & s'étend dans le cours de
cette secrete fermentation , imprimée d'abord dans l'interieur
de son corps par les pointes de
l'acide de la rosée, qui réveillent
d'une maniere sensible les idées
de la vegetation, assoupies dans
le centre du grain & fixées dans
ses principes seminaux ; & ensuite repanduë au dehors, &
se manifestant par la germina-
tion d'un petit filet. Et aprés
par le corps entier de la plante
qu'on voit éclorre dans toutes
ses parties: ainsi quand le même
alkali du grain qui est sans doute celuy qui se trouve diffus
parmy les élemens de la farine
est agité par l'acide du levain

ou du jet de bierre dissous dans
l'eau simple où la farine à esté
detrempée, la paste s'enfle &
se leve ; & ses principes actifs
qui y sont mis en mouvement
attenuans tous les corps grossiers qui la rendoient pesante &
massive, le pain qui s'en forme
estant cuit à propos, est leger &
d'un fort bon goût. Mais quand
on substituë à l'eau simple la dissolution du sel fixe des eaux de
Bourbon, l'alkali de cette disso-
lutiõ plus ouvert sans doute que
celui de la farine, prend dans ses
pores & absorbe pour ainsi dire
dans son sein, l'acide du levain
ou du jet de bierre qui est par
là arresté. Ainsi l'alkali de la
farine n'en estant presque pas
penetré, la paste ne s'enfle pas,
ou la fermentation en est tres-
foible, & le pain qu'on en fait
se trouve fort resserré & fort
pesant. Or si l'eau de Bourbon

portoit en elle quelque alkali naturel, il arriveroit toûjours, ou que la farine detrempée dans la mesme eau n'auroit point d'expansion; ou que l'expansion seroit tardive & languissante; que la paste seroit abbattuë & serrée, & le pain pesant & argilleux : à cause que ce pretendu alkali de l'eau de Bourbon répandu dans tout le corps de la paste seroit comme interposé entre les pointes de l'acide du levain, & les pores de l'alkali de la farine, qui rendroient l'un impenetrable à l'autre. Cependant les Boulangers de Bourbon observent tous les jours, que cette eau n'est d'aucun obstacle à la fermention de la paste : au contraire elle en anticipe en quelque façon la turgescence : le pain mesme en est fort leger & fort bon : & comme il est tres-certain que la

paſte entre dans un mouvement plus ſoudain par le mê-
lange de l'eau chaude de Bourbon, que par celuy de l'eau
ſimple chaude au meſme degré
de chaleur, on a lieu de penſer
que le ſel naturel de l'eau de
Bourbon eſt de ce caractere ;
qu'au lieu d'eſtre abſolument
alkali, il enferme un acide aſſez delié, & propre à ſe deve-
lopper dans la paſte, où il releve par ſon agitation l'activité
de l'aigre du levain, ou du jet
de biere; d'où vient que la fermentation y eſt plus puiſſante
& plus ſenſible, & les mouvemens des principes de la farine
plus actifs & plus animez.

6°. Quand on écrit ſur du
papier blanc avec de la diſſolution de noix de galle, & de
vitriol; l'impregnation du ſel
fixe des eaux de Bourbon appliquée enſuite deſſus flétrit

l'écriture: à cause que le sel
alkali de cette impregnation
enleve du papier, & cache dans
ses pores secrets le sel acide
du vitriol, lié avec le soulfre
des noix de galle, & formant
une espece de concretion, qui
donnoit du corps à cette teinture & la rendoit visible. Cependant si l'on plonge dans
l'eau de Bourbon toute chaude
ou boüillante encore dans l'un
des puits, un papier écrit avec
cette decretion; le sel de cette
eau ne fera aucune impression
sur l'ecriture : elle y demeu-
rera toûjours sans alteration,
en y conservant sa noirceur.
Ce qui marque évidemment,
que le sel naturel de l'eau de
Bourbon n'est point alkali,
puisqu'il n'a pas de prise sur
l'acide du vitriol ; qu'il est denué des pores & des matrices
qui conviennent aux sels de ce

caractere ; & qu'il est un sel plein, sans avoir aucun de ces vuides interceptés, dans lesquels il puisse loger les pointes de cet acide ; & sans pouvoir par consequent rompre cette concretion, ainsi que fait la dissolution du sel fixe de ces eaux, la liqueur du sel de tartre, l'impregnation du nitre fixé par le charbon, & l'eau commune chargée de quelque sel alkali.

7°. Ces differentes reflexions sont soûtenuës par les épreuves qu'on fait sur la crouste saline dont les tuyaux de pierre qui versent l'eau de Bourbon des 3. grãds puits dans le reservoir, se trouvent couverts. L'eau qui y coule sans cesse, attache un sel meslé de quelque portion de terre, d'où il se forme une incrustation sur la surface interieure des trois tuyaux, sous

la

la forme d'un fel petrifié. De
maniere que ce fel bien que
chargé de terreftreitez, y conferve fans doute la nature du
vray fel des eaux de Bourbon,
fans que le nitre de l'air environnant y imprime jamais aucunes traces d'alteration; à caufe qu'il eft échauffé par l'eau
du refervoir, qui eft toûjours
chaude & fumante, & qui é-
carte de ce lieu-là fon nitre,
lequel demande un air froid,
pour s'incorporer dans quelque
matrice, & s'y criftallifer. Or
quand on détache avec un mar-
teau des fragmens de cette
croufte faline, qu'on met en
poudre, & qu'on infufe dans
l'eau fimple, & qu'on leur
donne mefme plufieurs heures
d'ébullition; on ne fait jamais
la diffolution de leur fel; ce
qui devroit fans doute arriver
fi ce fel eftoit alkali; parce que

F

tous les sels fixes de ce caractere
font solubles, & qu'ils se fondent promptement dans un
menstruë aqueux.

8°. Si l'on veut éprouver cette Terre avant son infusion, en
la mettant en poudre bien fine,
& l'arrosant d'esprit de vitriol,
d'aigre de soulfre, de vinaigre
distillé, & d'autres acides fermentatifs & rectifiés ; on verra que ce mélange ne sera suivi d'aucune fermentation, ce
qui marque clairement que le
sel dont cette terre est empreinte, n'est point de la nature des
Alkalis, qui parroissent puissamment agités, dés qu'on y
verse quelque acide. Mais si
l'on calcine cette terre sur un
feu nud, & qu'aprés cette
operation on y jette quelques
gouttes d'une liqueur acide : il
s'elevera un boüillonement soudain, qui fera voir sensiblement

que son sel s'est alkalisé dans cette calcination par l'action violente du feu, qui en a enlevé l'acide volatil, enfermé dans le sein de ce sel fixe. Ainsi cette perte l'ayant dépoüillé & rendu poreux, il s'est revestu de la nature d'un alkali, en devenant propre par la disposition de ses vuides répandus, à loger des acides , & à s'agiter impetueusement avec eux, ainsi qu'il arrive au sel fixe des eaux de Bourbon , lequel s'alkalise dans le cours de leur évaporation, en perdant le nitre le plus subtil, dont il estoit auparavant empreint.

Mais aprés avoir écrit dans ce Chapitre les reflexions qui insinuent ce que le sel des eaux de Bourbon, n'est pas ; il faut d'écrire dans celuy qui suit le détail des choses qui marquent sensiblement ce qu'il est.

F ij

CHAPITRE XII.

Où l'on voit que le Sel naturel des eaux de Bourbon est un sel nitreux.

Bien que les remarques que nous venons de faire, prouvent évidemment que le Sel naturel des eaux de Bourbon n'est point alkali ; & que selon les reflexions & les experiences que nous avons faites la dessus, on n'y doive pas même reconnoistre une acidité dominante pareille à peu prés à celle qui regne dans l'esprit de vitriol, dans l'aigre de soulfre, dans le vinaigre d'antimoine, & dans toutes les impregnations des sels acides, qui fermentent sensiblement avec les alkalis ; on à lieu neantmoins de penser que ce sel participe à l'un

& à l'autre état : le goust comme aigu & en quelque façon
mercuriel qu'on ttouve dans
ces eaux froidies, témoignant
assez, qu'il enferme quelque espece d'acidité ; & l'analyse de
ces eaux qui donnent un alkali fixe dans leur évaporation
insinuant encore qu'un sel de
ce caractere entre dans la composition du sel naturel des eaux
de Bourbon : car l'alliage de
l'acide volatil & de l'alkali fixe
sous le tissu d'un sel , produit
presque toûjours ces effets, que
l'acide s'embarasse , se fixe ,
qu'il perd beaucoup de son
mouvement, & qu'il déchoit
en quelque façon de l'estat qui
luy est propre , en engageant
ses pointes, & déprimant son
acidité ; & que l'alkali se remplit, s'attenuë, & acquiert un
point de subtilité, aprés lequel
il a plus de penetration , &

F iij

moins de fixité qu'il n'avoit auparavant. Ainsi l'union de l'un & de l'autre sel fait naistre un troisiéme sel d'une nature moyenne, qui renferme à la verité un acide & un alkali dont il tire toute la matiere de son corps, mais qui n'est neantmoins ni acide, ni alkali, quand ces deux principes s'y trouvent joints sous de justes proportions. Autrement si l'alkali y étoit superieur à l'acide, ensorte que tous ses pores ne fussent pas également empreints de ses aiguillons, il y resteroit des espaces interceptés, dans lesquels de nouveaux acides pourroient estre receus, & y faire des expansions : & par là ce sel conserveroit le caractere d'un alkali, de même si l'acide prevalant beaucoup à l'alkali, le mélange en étoit fait de maniere, que l'un y répandit plus de pointes , que l'autre ny donneroit de pores, alors les aiguillons falins ne trouvant aucuns vuides pour fe loger , flotteroient fur la furface du fel qui en feroit couverte & comme inondée ; enforte que ce fel eftant fermentatif par ce cofté là , & capable de remuer les alkalis , il participeroit encore à la nature d'un acide.

Nous aurons une notion claire & diftincte du veritable fel de l'eau de Bourbon , en remarquant icy plufieurs chofes qui nous meneront à l'idée de fon état nature.

La premiere que le mélange de l'eau de Bourbon avec une liqueur acide, ou avec une diffolution de fel alkali ne faic n'aiftre aucune forte d'effervefcence : ce qui fait voir , que comme l'eau n'excitant point

de fermentation avec un acide, marque que l'alkali qui entre dans le tiſſu de ſon ſel y eſt
tellement rempli qu'il n'y reſte
aucuns vuides aſſez ouverts
pour y recevoir ſes pointes ;
en ne donnant auſſi aucun mouvement avec un alkali, elle fait
voir aſſez, que l'acide dont ce
ſel eſt empreint, ſe trouve tellement aſſocié, & ſi fort adherent
à ſon alkali qu'il n'a aucune
pointe libre pour agir ſur quelque nouveau ſel.

La ſeconde, que le ſel naturel de l'eau de Bourbon eſt ſi
ſuſceptible de l'impreſſion des
corps exterieurs, qu'eſtant encore répandu dans ſon eau, &
ſoûmis au feu de ſable, les particules ignées qui en decou-
lent, l'attaquent, le deſuniſ-
ſent, & en enlevent enfin l'eſprit acide, qui étoit caché dans
ſon ſein, & qui rendoit ce ſel

comme volatil. D'où il arrive
que le corps du sel depoüillé
du principe actif, dont il estoit
animé, se trouve fixe au fond
du vaisseau, sous la forme d'un
sel vuide, rampant & comme
cadavereux. Ainsi l'on conçoit
aisément que ce sel delié si facilement par ce petit feu, avoit
son tissu extraordinairement
relasché, & que l'acide & l'alkali qui le composoient n'y é-
toient joints que sous des combinaisons foibles, dont la moindre atteinte rompt promptement les liens.

La troisiéme, qu'une partie du
sel des eaux qui s'attachent aux
costez de la cucurbite pendant
le cours de leur évaporation,
estant jettée sur le feu du charbon, ou sur la flamme de la
chandelle, petille, & éleve
souvent une flamme bleuë; ce
qui fait comprendre clairement

E v

que l'acide. & l'alkali associez sous le tissu de ce sel , s'y trouvent dans une telle disposition, qu'ils deviennent susceptibles d'une soudaine mobilité, quand les écoulement des sels, qui fluent du feu du charbon , ou de la flamme de la chandelle, les delient, & leur donnent une impression d'ébranlement , qui les rend ensuite capables de rarefier les soulfres du charbon & de la chandelle, & d'en augmenter la flamme.

De tout cela l'on conçoit d'abord, que le sel naturel de l'eau de Bourbon est un mélange proportionné d'un acide & d'un alkali, dont les parties s'ajustent & se meslent intimement, sans avoir entre-elles aucune adherence trop ferme, qui les attache par des liens solides & resistans ; de maniere que sous un tissu relasché elles con-

servent une disposition vive &
constante qui leur y donne une
force effective, un effort animé,
& une espece d'agitation a-
ctuelle.

Mais quand de ces differentes
reflexions on passe à l'idée de la
matrice souterraine où ce sel
est formé : on conçoit, que
comme les esprits acides, & les
alkalis fixes, tels que sont par
exemple, les acides de l'air, &
les sels fixes de la terre, associez dans les matrices soulfreuses, donnent naissance à des sels
nitreux, où l'on trouve beaucoup de volatilité; ainsi la source souterraine du sel naturel de
l'eau de Bourbon estant un lieu
embrasé, ou regnent le mouvement & l'embrasement, qui
rendent ces eaux chaudes &
boüillantes, il faut que les acides & les alkalis qui y fermentent sans cesse, y soient parfaite

F vj

ment deliez ; que les pointes
des acides y foient fubtiles &
animées ; que les fels fixes y
foient continuellement fubli-
mez , & toûjours en voye de
volatilifation; & que le mꝭflan-
ge & la combinaifon s'en faifant parmi les tourbillons &
l'éclat d'un foulfre fort agité,
la concretion qui en eft formée , foit un coagulum tres-
fubtil & tres-delicat , ou un
nitre fort volatil, & fort épuré,
dont les parties foient fines,
attenuées, entremeflées de corpufcules fulphureux, qui en
tiennent l'alliage relafché , &
doüées enfin d'une mobilité
bien vive & bien foudaine.

L'experience s'ajufte icy avec
ces remarques. La croufte faline detachée des tuyaux de pierre par où les eaux chaudes coulent des puits dans le refervoir,
eftant pulverifée fubtilement,

& jettée subtilement sur la flamme de la chandele, petille & éleve de temps en temps quelque étincelle de feu, en rarefiant par les sels volatils qui s'en detachent les soulfres du suif de la chandele, & marquant par cet effet la vraye nature de son nitre.

On pourroit encore pousser cela plus avant, si l'on avoit une quantité suffisante de cette crouste terrestre, d'où l'on tireroit sans doute par la voye de la distilation des vapeurs rouges qui donneroient un veritable esprit de nitre. Mais le deffaut de cette matiere saline dont on détache avec peine quelques fragmens des tuyaux où elle est fixée nous a privé jusques icy de la certitude que nous aurions de cette épreuve.

Il est vray que les amas de salpestre qui se trouvent de

temps en temps autour des trois
grands puits & sur le bord du
reservoir de la charité, semblent y suppléer assez. Car le
nitre qu'on y voit, qui s'en
tire en abondance, n'est que le
sel des eaux de Bourbon exha-
lé dans l'air; épaissi par la frai-
cheur de la nuit, & enfin coagulé autour de ces endroits là.
Et puisque ce sel mis en poudre, meslé avec du soulfre mineral pulverisé, & jetté dans
un creuset rougi s'enflamme a-
vec detonation, qu'on en fait
du sel polychreste; & qu'il en
sort de l'esprit de nitre, quand
on le distile selon les regles de
l'art; cela marque d'une maniere claire & sensible la nature nitreuse du sel des eaux
de Bourbon.

Mais comme ce sel prend
naissance dans une matrice souterraine, où l'acide & l'alkali

qui le forment par leur mélange s'entragitent sans cesse
par une vive fermentation,
qui rarefie ces eaux: & leur
donne la chaleur & l'ébullition:
il faut voir ce qui se passe à cet
égard dans l'interieur de la
terre, en y recherchant non
seulement la veritable origine
des principes actifs qui y repandent tant d'excellentes vertus : Mais encore la source de
ce mouvement admirable, qui
les rend chaudes & boüillantes,
& qui produit par là un phe-
nomene également merveil-
leux & difficile à expliquer.

CHAPITRE XIII.

Idée generalle de la Chaleur & de l'Ebullition des Eaux de Bourbon.

L E sel volatil qui impregne
l'eau de Bourbon, la cha-

leur vive dont elle eſt animée,
& le mouvement actif qui l'a-
gite dans ſa ſource, ſont ſans
doute des operations admirables des mains inviſibles de
la nature, qui travaillant ſans
ceſſe par une chymie naturelle
dans les lieux ſouterrains, comme dans des laboratoires ſe-
crets, y conſerve autant qu'elle
peut l'unité dans toutes ſes a-
ctions: évitant toûjours de mul-
tiplier les cauſes qui doivent y
concourir. Or comme le ſel, la
chaleur, & l'ébullition ſe trouvent icy répandus dans un même lieu & attachés au meſme
ſujet, qui eſt le corps de l'eau;
on croit avec raiſon qu'ils
ont une meſme origine, qu'ils
ſe forment dans une meſme
matrice, & qu'une meſme ſource les produit.

Mais comme la nature qui eſt
toûjours active & mouvante

marche par des voyes communes, d'où elle entre dans les
routes secrettes qui menent
aux phenomenes particuliers,
on ne parvient pas aisément à
la connoiſſance de celles-cy,
que par une idée generalle des
autres qui y donnent un fort
grand jour. Voicy ce qu'il faut
faire pour y réüſſir dans cette
recherche.

On doit ſuppoſer d'abord
que le ſein de la terre eſt rempli d'une quantité prodigieuſe
de matieres graſſes, huileuſes,
ſoulfrées, bitumineuſes & in-
flammables, leſquelles eſtant
impetueuſement penetrées par
des tourbillons d'eſprits nitreux, qui y circulent ſans ceſſe, ſont toûjours dans de violentes flagrations, & entretiennent des embraſemens ſouterrains, dont les ſoupiraux ſont
les ouvertures fumantes du

mont Ætna, du mont Chime-
re, du mont Vefuve, des fept
Ifles de l'Æolie, & les exhalaifons ardentes d'une infinité de
montagnes, & de fontaines,
dont les flammes ne font pour
ainfi dire qu'une foible fumée,
& des étincelles legeres de tant
de gouffres de feu qui brûlent
dans les entrailles de la terre.

On doit enfuite tenir pour
principe qu'il y a beaucoup de
fels fixes difperfez dans l'interieur de la terre, & élevez en
maffes falines, qui par leurs
continuelles fublimations entretiennent au dehors ces montagnes inépuifables de fel qu'on
trouve en plufieurs regions, &
par leurs conftantes diffolutions
dans les eaux qui coulent dans
fes entrailles, répandent leur
faleures dans l'Ocean, dans les
Rivieres falées, & dans une infinité de puits, de fontaines &

de lacs chargez de sels dissous,
qui sont des écoulemens de
tant de sources de sel, dont les
magasins souterrains sont remplis. Ainsi sur cette supposition
qui est claire & incontestable
on conçoit aisément que plusieurs de ces sels estant perpetuellement soûmis à l'action
des feux souterrains, se calci-
nent ou se subliment sans cesse : d'où il sé produit un nombre infini d'alkalis fixes & volatils, lesquels s'impregnent de
petits corps ignez, qui penetrent leurs pores dans leur alkalisation , & deviennent par
la tres-propres à fermenter
impetueusement avec des acides, & à donner des ebulli-
tions rapides accompagnées de
chaleur.

On ne doit pas enfin douter
que la terre n'ait une infinité
de concavitez remplies de col-

lections nitreufes, dans lefquelles il fe forme plufieurs torrens
de liqueurs acides, qui roulant
dans la terre par de perpetuelles circulations, & excitant des
fermentations dans leurs routes, fe precipitent non feulement vers fon centre, & fe fixent dans les metaux, dans les
marchafites, dans les pierres,
& dans les autres mixtes de la
famille minerale, d'où l'art
trouve enfuite le moyen de les
détacher dans leur analyfe qui
donne beaucoup d'acides: mais
encore ils s'exaltent vers fa furface, & entrent dans le regne
vegetal, où ils paroiffent dans
un état élevé, comme dans le
fuc de la vigne, dans les oranges aigres, dans les citrons,
dans les coings, dans l'épine-
vinette, dans les grofeilles,
dans toutes les plantes aigres
ou nitreufes, & dans la pluf-

part des fruits , dont la naiſſance ou la maturité y laiſſent voir
ordinairement quelque ſorte
d'aigreur ou d'acidité obſcure.

Sur ce plan il eſt aiſé d'établir dans un meſme lieu la vraye
ſource du nitre de la chaleur, &
de l'ébullition des eaux de
Bourbon.

On n'a qu'à concevoir dans
cette region de la terre qui eſt
entre ſon centre & ſa ſurface ,
& dans l'un des endroits placez
ſur la province du Bourbonnois , & peut eſtre meſme directement ſous la ville de Bourbon , une cavité ſouterraine
toute remplie d'eau douce , &
renouvellée ſans ceſſe dans ſes
écoulemens par quelque ſource abondante & intariſſable qui
y depoſe ſon eau. On n'a enſuite qu'à ſe faire une idée de
deux petits ruiſſeaux, qui allant
aboutir à ce lac , y verſent les

differentes liqueurs qui coulent dans leur canal par un flux
perpetuel. Enfin on n'a qu'à
ajoûter à cela par une suppoſi-
tion qui paroiſt tres-vray-ſem-
blable, que le torrent qui vient
du coſté meridional, y répand
des eaux ſalines chargées de
ſels alkaliſez par les flammes
ſouterraines, qui regnent plus
qu'ailleurs dans cet endroit de
la terre, à cauſe que les ſoulfres y ſont d'ordinaire plus a-
bondans; & que l'autre dont
la ſource vient peut-eſtre de
quelque cavité ſeptentriona-
le, y charrie une liqueur mer-
curiale remplie d'acidité, dont
les amas ſe font tres-facilement
dans ces lieux-là, parce que le
regne de l'acide s'y trouve
principalement étably. Sur cela il eſt aiſé de comprendre que
les liqueurs nitreuſes & acides, & les eaux ſalines, &

chargées de sels alkalisez venant à se rencontrer dans cette source d'eau, fermentent a-
vec éclat & tumulte ; que l'eau
qui s'en trouve impregnée, est
rarefiée dans cette agitation ,
en sorte qu'elle s'enfle , &
boüillonne avec beaucoup de
violence ; que l'alkali dont le
sein est penetré par l'acide avec
des élans & des efforts si impetueux , en exprime en foule les corpuscules ignez que
la calcination y avoit répandus , & qui y estoient enfer-
més : ce qui donne les effusions de ce feu vif puissant
dont cette source est toûjours
animée ; que l'acide aprés s'estre agité & avoir embarassé les
pores anfractueux de l'alkali ,
se lie sous un coagulum fort
subtil, ou sous une concretion
deliée & nitreuse, laquelle é-
tant soluble, ainsi que tous les

sels formés par la jonction des acides & des alkalis fermentés, se répand dans ce torrent d'eau que la force constante d'une perpetuelle fermentation qui se soûtient dans ce reservoir, éleve sans cesse sur la surface de la terre, dans l'endroit sur tout, où les trois grands puits de Bourbon sont placés, & fait qu'en s'y donnant jour, il y porte non-seulement le sel nitreux dont il est impregné ; mais il y conserve encore l'impression de chaleur & d'ébullition qu'il a receu dans sa source.

Ces mouvemens & ces phenomenes, dont les causes & les effets sont également admirables, ont des exemples & dans la nature & dans l'art sous des circonstances presque pareilles.

Il y a dans le corps humain & dans l'un des intestins greslés

un

un amas de suc nutritif exprimé des alimens, & renouvellé sans cesse dans ce lieu-là par l'abord presque continuel du mesme suc qui y coule de l'estomac, où en est la source. Il aboutit à ce reservoir deux differens canaux, dont l'un y verse une constante effusion d'une liqueur jaune & amere, qui est pour ainsi dire, un enfant du feu, formé de la partie la plus seche du sang brûlé, & toute remplie des sels alkalisés; & l'autre y répand un flux perpetuel d'eau nitreuse & mercurialle, ou regne une acidité fort vive, exaltée dans le Pancreas, qui par sa qualité de glande est une des parties les plus froides du microcosme; ayant par là quelque espece de rapport aux lieux septentrionaux. Cet acide & cet alkali coulant sans

cesse du lieu de leur origine
dans la cavité de cet intestin
entrent dans une agitation très-
active, par laquelle le chyle
s'enfle & se rarefie. L'alkali de
la bile qui y est penetré par l'a-
cide pancreatique y repand les
effusions du soulfre dont il é-
toit empreint, & y donne une
chaleur animée. L'acide qui
parcourt les pores les plus secrets de l'alkali dans le cours
de cette fermentation, s'y en-
gage à la fin, & s'y fixe en un
sel aigu, qui sert de baume &
de correctif à ce suc, en se
meslant intimement avec luy :
& il arrive ensuite que cette
effervesence renouvellée dans
ce lieu-là par de nouveaux acides, & de nouveaux alkalis
coulez sur cette liqueur agitée, y imprime un tel point de
subtilité, que le chyle en est
rendu penetrant, & propre à

s'infinuer dans les ouvertures prefque infenfibles des petits vaiffeaux, par lefquels il fe filtre, pour porter fon flux dans des regions plus élevées.

L'art imite icy la nature. Si l'on verfe dans un vaiffeau de verre à demy remply d'eau, & ouvert par deux tuyaux differens, une quantité raifonnable de liqueur de fel de tartre, qui y tombe goutte à goutte par l'un des deux canaux; & fi en mefme temps l'on a foin d'y faire couler doucement par l'autre conduit autant d'efprit de vitriol rectifié; on voit que l'acide & l'alkali s'y entre-agitent d'abord, & qu'ils élevent l'eau à une rarefaction fenfible & impetueufe fans l'aide d'aucun corps environnant. Voila une experience bien claire, qui a du rapport à l'ébullition de l'eau de Bourbon.

G ij

Si l'on jette de la rosée vernale sur de la chaux bien vive, l'acide qui est caché dans cette eau, se produit dans l'alkali de la chaux , en y éclatant dans son sein par une soudaine effervescence , & poussant au dehors les particules ignées, qui s'y estoient fourées dans le cours de l'operation , où la pierre fut calcinée en chaux. Voila un exemple bien sensible de la chaleur de l'eau de Bourbon.

Si l'on répand autant qu'il faudra d'esprit de nitre sur une quantité suffisante de dissolution de sel alkali de tartre; l'approche de ces deux sels fera naistre une ébullition tres-forte : & leur intime alliage formera enfin une concretion, qui sera saline, & nitreuse, se fondant promptement dans l'eau. Voilà une demonstration con-

vainquante de la production
du ſel de l'eau de Bourbon.

CHAPITRE XIV.

Idée generalle de l'alkaliſation, &
de l'acidité des ſels ſouterains qui
entrent dans l'eau de Bourbon.

LEs raiſons que nous avons
données de l'ébullition, de
la chaleur & du ſel des
eaux de Bourbon, ſont ſi nettes & ſi faciles, & noſtre maniere d'expliquer ces phenomenes merveilleux a tant d'é-
vidence & de clarté, qu'il ſemble d'abord qu'on n'y puiſſe
rien oppoſer qui l'obſcurciſſe.
Cependant comme les regles
qui nous ont conduit à leur
connoiſſance, ſont ſeulement
generales, & qu'elles peuvent
convenir à toutes les eaux chaudes & boüillantes, qui coulent
ſur la ſurface de la terre, &

où l'on trouve du boüillonnement, de la chaleur & du fel,
il eft à propos de joindre à l'u-
niverfalité de ces principes que
nous venons d'établir, quelques
carraateres particuliers, qui
foient propres aux eaux de
Bourbon, en les diftinguant
des autres eaux boüillantes.

En effet bien que les feux
fouterrains, les alkalifations
des fels, & les torrens des liqueurs acides foient des refforts
naturels, & des inftrumens
toûjours neceffaires à toutes
les productions des eaux chaudes & boüillantes, qui coulent
fur la terre, & qui confervent
de la chaleur & du fel ; & que
fur ce plan-là, il femble que
l'on doive abfolument chercher
dans ces trois principes, l'origine & la fource des diverfes
qualitez qui s'y trouvent attachées : il faut neantmoins les

considerer sous des idées differentes & distinctes , pour y
remarquer les endroits justes
& précis qui quadrent avec ce
qu'il y a de propre & de sin-
gulier dans ces eaux.

Car comme le sein de la
terre enferme divers foyers , où
les feux souterrains sont allu-
més , qu'il y a de differentes
matieres qui entretiennent ces
embrasemens : que ces flammes ont plusieurs degrez de
force & d'acreté : & que les
corps qui sont sans cesse soumis à leur action, ont une prodigieuse varieté dans leur nature; on voit de-là clairement
la diversité des alkalisations
des sels souterrains.

C'est pourquoy si l'on s'attache icy à adapter les principes
aux effets sensibles des choses,
dont on recherche la nature &
les vertus; on n'aura garde de

G iiij

concevoir les feux souterrains
qui alkalisent le sel des eaux
de Bourbon, comme des gouffres de feu ardens, dont les
flammes sont acres & devo-
rantes ; ou comme des brasiers
enflammés brûlans violemment
les corps qui sont à portée de
leur feu ; & les calcinant en
une chaux vive & ignée,
remplie de sels rongeans &
escarotiques, dont les uns
qui sont les plus fixes passent dans les matrices minerales de divers poisons souterrains, où regnent des principes
de mort, & des chaleurs brûlantes & destructives ; & les
autres exaltés vers la surface de
la terre par la sublimation, portent l'impression de leur acreté sur les racines des vegetaux
qui sont rongées par ces alkalis
picquans, & se flétrissent à la
maniere des chairs, que les al-

kalis fixes des pierres cauſtiques
mortifient. Ainſi les climats
ſçituez ſur ces fournaiſes allumées ont une face ſterile ; &
la terre y eſt ordinairement
ſeche & inculte par l'extinction des plantes & des arbres
dont les ſemences & les racines y ſouffrent une perpetuelle
aduſtion,

On ne doit pas auſſi enten-
dre par ces feux ſouterrains un
foyer embraſé, ſemblable à un
feu de charbon, qui par une
chaleur ſeche & acre, calcine
puiſſamment les ſels, les fixe
dans leur alkaliſation, & les
rendant propres aux coagulations les plus fortes, fait que
leur alliages avec des acides
mercuriels dans de differentes
matrices, forment pluſieurs
concretions ſolides, qui ſont
comme les noyaux & les ſemences des métaux des mar-

G v

chasites & des pierres.

On n'a pas encore lieu de croire que le feu souterrain qui alkalise le sel de l'eau de Bourbon, soit comme un feu nud & ouvert, dont la flamme penetrant les sels qui sont dans la sphere de son activité, les dépoüille en les calcinant de leurs acides les plus subtils, & dispose de telle sorte les pointes de ceux qui restent dans les sels, qu'il s'en forme une cendre saline, où il y a beaucoup de penetration, & une vertu fort detersive. Or le sel de l'eau de Bourbon estant plus doux & moins actif, il doit estre preparé par un feu souterrain moins violent & moins rapide, celuy-ci ne convenant qu'aux alkalisations des sels des eaux plus brusques & plus puissantes, comme sont les eaux de Vichy qui ont plus de force

& plus d'action, & un sel plus abondant & moins volatil.

Mais si l'on conçoit qu'il y a dans la terre des bitumes rarefiez, & des huiles enflammées par les agitations des esprits nitreux, qui les penetrent sans cesse, en les subtilisant; on aura d'abord l'idée d'une flamme vaporeuse, d'une chaleur douce & molle, d'un feu lent & benin, qui sans répandre sur les sels des étincelles acres & consommantes, ou regne d'ordinaire beaucoup de vehemence & de corrosion, y darde des rayons de flamme temperez, & des effusions vives, delicates & balsamiques, qui ayant comme de l'humilité dans leur feu, envelopent d'abord les sels d'une maniere moderée, les penetrent & les ouvrent doucement, en écartent l'acide dont ils estoient remplis, sans

y imprimer des mouvemens
trop brusques : & en les alka-
lisant par une action si mena-
gée, y jettent des semences
d'une chaleur molle & vive,
qui n'a rien d'acre de desicca-
tif, ni de brûlant.

C'est pour cela que l'eau de
Bourbon a la surface grasse &
comme huileuse dans les puits;
qu'elle est chaude & boüillante, sans laisser dans la bouche
aucune impression de feu; que
dans la mélancolie, & dans les
affections spasmodiques, où il
y a souvent beaucoup de consomption & d'aridité, elle humectent bien loin de dessecher;
que dans la dyssenterie, elle a
une operation balsamique, en
adoucissant les écorchures des
intestins ; & que beuë dans la
naissance d'un rhume, elle en
previent le progrés, en détruisant l'aigreur du ferment,

qui y excite la fonte.

Or comme les alkalis fouterrains, qui entrent dans la com-
pofition du fel nitreux de l'eau
de Bourbon, font des fels bal-
famiques, il faut que les acides volatils qui fe lient avec
eux, foient doux & temperez.
De maniere qu'en les conce-
vant fous les notions generales
que nous en avons déja données, nous devons en écarter
toute idée de corrofion, qui ne
convient qu'aux fels fluides &
piquans, fixez dans les mixtes
de la famille minerale, lefquels
en fortent quand on en fait l'a-
nalyfe fous la forme d'eaux fortes, & de liqueurs cauftiques.

Car bien qu'il n'y ait dans le
regne de la nature qu'un feul
principe d'acidité, qui confifte
en une matiere fubtile, & vive, en un efprit étheré, ou en
un nitre volatil & acide dont

le siege est principalement établi dans l'air, où il roule comme dans un vehicule fluide parmi les espaces de cette immen-
se étenduë, en y faisant de continuelles alliances avec les sels
celestes, detachez sans cesse des
étoiles errantes, & alkalisez par
les feux des étoiles fixes, &
s'incorporant enfin avec eux
sous des molecules imperceptibles, ou des concretions fines
& delicates animées d'une force active & puissante, dans lesquelles est l'origine & la source
de tous les mouvemens naturels, & la semence & le germe
de l'acidité des corps sublunai-
res; neanmoins cet acide éle-
mentaire, quoy-que naturellement simple, homogene, tout
semblable à soy-mesme, & doüé
d'une parfaite, uniformité, en
se liant avec les alkalis de la
matiere astrale, s'impregne de

differentes idées, se caracterise diversement, & se rend ou animal ou vegetal, ou solaire, ou lunaire, ou martial, ou saturnien, ou antimonial, ou alumineux, ou nitreux, ou vitriolique : & enfin est déterminé par la diversité de ses impressions à toutes les especes d'acidité qui sont répanduës dans le regne naturel.

Ainsi quand les vapeurs & les exhalaisons, que la terre éleve, le font descendre en bas dans les rosées, dans les pluyes, & dans les humiditez de la nuit; ou quand estant porté sur les aîles des vents dans les espaces de l'air, il tombe avec eux sur les torrens des eaux, elles le charrient dans les regions souterraines, où il fait une seconde union, en s'alliant de nouveau avec les differens sels, qui y sont dispersez, & qui le ren-

dent plus sensible & plus corporel, en alterant, & sophisti-
quant pour ainsi dire son acidité en une infinité de manieres.

Ainsi quand cet acide épanché dans l'interieur de la terre, & filtré à travers les pores
souterrains qu'il a penetrez,
tombe sur des sels fixes, qu'il
trouve dans son chemin, &
dont il fait la dissolution : il
se forme de leur mélange une
saumure fermentative, où l'a-
cide qui y a répandu ses pointes, imprime une telle alteration, que les particules des sels
fixées auparavant, embarrassées, confonduës, & associées
sous des arrangemens irregu-
liers, se délient, se develop-
pent, s'aiguisent, & entrent
enfin dans cet estat, que par
les impressions & les configu-
raions, qu'elles ont receu des

aiguillons de l'acide qui les a derangées , elles forment un tissu de pointes roides, solides & tranchantes, qui rendent les eaux où elles sont diffuses, penetrantes & caustiques. Or ces sortes de liqueurs aigres que leur pesanteur precipite, & fait rouler sans cesse vers le centre de la terre, sont appropriées au genre mineral, qui enferme des acides tres-forts & tres-corrosifs : & ceux de ce caractere n'ont aucun rapport à l'acide, qui est dans le sel naturel de l'eau de Bourbon, où l'on trouve tant de volatilité, & une nature si benigne & si moderée.

De mesme si cet esprit acide se répand sur des matrices salines inondées des dissolutions de quelques sels fixes, qui soient moins acres & moins massifs, que ceux qui degenerent en

des liqueurs cauſtiques, & en
des aigres mineraux, il taſche
d'y deployer ſa force. Il remuë d'abord & ſubtiliſe enſuite, les ſels qui en ſont penetrez. Il les agite d'une maniere
fort vive, pour leur imprimer
la configuration de ſes pointes, & les exalter en eſprits.
Mais comme la matiere ſaline
qui eſt ſoumiſe, & qui a pour
lors le caractere d'un corps paſſif, prevaut là, par ſa quantité
& ſa peſanteur à celle qui agit,
& que le ſel fixe y eſt ſuperieur
à l'eſprit acide; il arrive auſſi
que ce principe agiſſant eſt ar-
reſté dans le cours de ſon mouvement, & qu'il demeure pour
ainſi dire en chemin, aprés y
avoir laiſſé quelques traces de
ſon acidité, ſans avoir pû l'é-
lever au point de l'exaltation,
qui le rend ſpiritueux, & volatil. Ainſi ces ſortes de ſels ſe

trouvent acides par les impreffions qu'ils ont receuës de cet
efprit, & demeurent fixes par
la refiftance de leurs parties,
qui n'ont pas fouffert cette fubtile attenuation, par laquelle
ils pouvoient eftre volatilifez.
Neanmoins comme les ébran-
lemens & les fecouffes dont ils
ont efté agitez, ont rendu leur
tiffu beaucoup moins ferme, &
plus relafché qu'auparavant,
leur fixité n'eft pas fort folide,
ni fort refiftante. C'eft pourquoy ils deviennent par là tres-
propres à fe mettre en fufion,
quand ils font preffez par les
feux fouterrains, qui ont toûjours la force de les refoudre,
& de les rendre fluides. Ainfi
il fe forme perpetuellement
dans la terre, & fur tout dans
les lieux où ces flammes font
allumées, des torrens d'eaux aigres & acides, qu'elles élevent

fans cesse vers sa surface, où une partie entre dans les fruits que ces climats produisent, & où elle se conserve d'une maniere tres-forte & tres-sensible. C'est pour cela que les regions orientales, & la plûpart des terres placées sous le ciel meridional, dont le dedans brûle par des flammes perpetuelles, qui fondent les sels sans interruption, sont abondantes en citrons, en oranges aigres, & en plusieurs autres fruits remplis d'acidité. Or ces liqueurs acides n'ont aucune convenance avec l'acide du sel des eaux de Bourbon, où l'on ne trouve aucune impression d'aigreur, ni aucune trace de fixité.

Mais quand l'esprit acide de l'air, resout en liqueur, & répandu dans la terre sous la forme d'une eau vive, & l'impide, coule sur des matrices nitreu-

ses enfermées dans les cavitez
souterraines, & entretenuës
par un abord continuel d'exhalaisons salines, formées de la
cresme, ou de la fleur des sels
fixes, où il s'en trouve divers
amas; il les inonde, comme un
sperme animé d'une infinité
d'effusions actives, qui les fe-
condent par la force d'un mouvement radical, en aiguisant &
spiritualisant leurs sels, que le
point de subtilité, & d'exaltation, qu'ils ont atteint, rend
tres-propres à recevoir ces impressions. Ainsi le mélange de
cet acide spiritueux, & de ces
sels legers, fondus dans un peu
de flegme, produit une eau nitreuse, une saumure tres-vive,
un suc mercuriel, ou une liqueur acide, remplie d'une
merveilleuse acuité, & d'une
extraordinaire penetration, où
il y a plus d'abondance d'idées

actives, & de caracteres expanfifs, qu'il n'en regne dans le
nitre ordinaire.

Car comme le nitre formé fur
la furface de la terre, fe trouve
fur tout dans des lieux frais &
gras, & principalement dans
ceux qui font empreints de l'u-
rine des animaux, & qu'il arrive que le foulfre impercepti-
ble dont il fe charge dans ces
matrices graffes, lie les aiguillons de fon fel, en embaraffant
en quelque façon fon acidité
qui ne donne pour lors aucunes
marques de ce qu'elle eft ;
quand on verfe de la diffolution
de nitre tres-pure fur du fel de
tartre, fur du falpeftre fixé par
les charbons, fur du fel volatil
de vipere, & fur d'autres alkalis
fixes & volatils : il doit auffi
arriver par un effet tout contraire, que les collections nitreufes qui font exaltées par

l'esprit acide de l'air, & qui se
volatilisent, se faisant dans les
cavitez souterraines, où circulent les vapeurs froides, les
exhalaisons salines; & les sels
cristallisés: qui n'ont rien de
sulphureux; il doit dis-je arriver que les sels ou les liqueurs
qui s'y forment, ont une acidité degagée, répanduë dans
un mercure tout volatil, ou
dans un sel acué qui rendent
l'eau qui s'en impregne, subtile
penetrante, fermentative, & a-
nimée d'une admirable vivacité.

Voilà le vray caractere de
l'acide qui se lie avec l'alkali
souterrain dans cette source
d'eau, où leur mouvemens &
leur alliage donnent l'ébullition, la chaleur, & le sel des
eaux de Bourbon.

CHAPITRE XV.

Idée generale des vertus des eaux de Bourbon.

LEs remarques que nous avons faites sur le lieu natal des eaux de Bourbon, & sur les phenomenes que leur naiſſance y produit, marquent évidemment qu'elles ont une nature haute, & un caractere exalté par des impreſſions animées, & par des vertus fecondes & excellentes dont leurs principes ſont reveſtus, qui les diſtinguent de toutes les eaux communes, où l'on trouve un eſtat purement paſſif qui les rend ſteriles & comme mortes, à juger de leur action par rapport à celle des eaux de Bourbon dont les effets ſont ſi ſalutaires & ſi merveilleux.

En

En effet l'origine & la source
des eaux de Bourbon, ou regne le mouvement & le feu,
les éleve à de si éminentes prerogatives, qu'on trouve dans
leur liqueur quelque symbole
de l'apanage des corps vivans,
& quelques traces de ces cara-
&eres parfaits qui conviennent
aux mixtes animez. Car le
corps de l'eau qui n'est naturellement qu'un flegme lourd &
passif, qu'une liqueur rampante, une mariere simplement
fluide, impuissante & comme
cadavereuse, y devient actif
& leger, exalté à une extraordinaire subtilité, fecond &
pour ainsi dire vivifié par le
soufle vital d'un soulfre pur &
spiritueux, lequel en est comme l'ame qui répand ses effusions dans toutes ses parties par
le moyen d'un sel volatil, ou
d'un nitre tres-delié, qui unis-

H

fant le foulfre avec l'eau, eft non-feulement l'efprit qui joint cette ame à ce corps, & comme le lien qui attache ces deux fubftances incompatibles qui feules ne feroient jamais d'union, mais encore le principal inftrument, par lequel le corps de cette eau devient mobile, agiffant, & propre aux differentes fonctions, où la diverfité de fes vertus le deftine.

Or comme la liaifon de l'ame & du corps, qui font deux fubftances fi oppofées par leur nature, mais affociées dans un mefme fujet par l'entremife des efprits animaux qui entretiennent leur union & leur commerce, répand dans les corps vivans une vertu toute active, ou une force mouvante & confervatrice, appellée vie, & diffufe dans toutes leurs parties, où elle eft la fource de plufieurs

facultez particulieres, qui y
donnent des operations propres
à certaines parties de ces corps;
lesquelles cessent de s'exercer,
dés que cette force generale
qui les soûtient cesse par la separation de ces deux substances; ainsi l'union du soulfre &
du sel dans le corps de l'eau de
Bourbon, y produit une force
ou activité qui anime toutes les
parties du corps de l'eau, & y
conserve des dispositions à des
mouvemens, & à des effets particuliers, dont l'impression
s'efface, & le cours s'inter-
rompt, quand cette eau venant
à froidir, elle perd sa chaleur,
& tombe dans l'inaction &
dans la mort, par la desunion
des principes vifs & agissans
dont elle estoit impregnée &
comme vivifiée.

Mais nous connoistrons d'u-
ne maniere plus juste & plus

precise les vertus de l'eau de Bourbon, si en y considerant sous des idées distinctes le veritable estat de son flegme & de son sel, nous y remarquons ces trois choses.

La premiere, que le corps de l'eau qui se rarefie si puissamment dans sa source par le mouvement impetueux de l'acide & de l'alkali, brise ses parties dans son écume, lesquelles estant violemment frottées dans le cours de cette agitation, font que cette eau battuë, est legere, élevée à une extraordinaire subtilité, & renduë beaucoup plus fluide, penetrante, & expansive, que toutes les eaux communes.

La seconde que le soulfre fixé dans les pores secrets de l'alkali, est mis en mouvement par les pointes remuantes de l'acide qui le penetre avec beau-

coup d'effort, qui y ébranle le
soulfre, le detache, & le pousse
enfin au dehors sous des écoulemens de corpuscules tres-fins
& tres-délicats, qui sont comme des rayons deliés, & des
effusions extrêmement vives,
lesquelles se répandent dans
toutes les parties du corps de
l'eau, & y conservent par des
impulsions intestines cet estat
de rarefaction, & de subtilité
qui leur a esté imprimé par le
mouvement de l'acide & de l'alkali.

La troisiéme, que le sel qui
s'y forme par l'assemblage intime de l'acide & de l'alkali fer-
mentes, est une concretion subtile, dans laquelle les parties
fixes du corps de l'alkali alterées par les mouvemens de l'esprit acide, ont esté comme a-
menuisées, & élevées à quelque volatilité, quand les poin-

tes de l'acide fichées dans les pores de l'alkali, s'y trouvent écartées & adoucies, ainsi l'eau s'impregnant de ce sel soluble se charge d'un sel subtil & doux.

De tout cela l'on comprent d'abord, que les eaux de Bourbon ont une force vive & puissante soutenuë d'une merveilleuse subtilité qui leur donne une foudaine penetration, & un mouvement fort actif, à la faveur duquel elle parcourt avec promptitude les visceres des digestions, les vaisseaux du sang, & toutes les parties qui sont des dependances du genre nerveux, & qui se repandent vers l'habitude du corps. Ainsi l'on éprouve presque aussitost qu'on a beu ces eaux, qu'il survient une maniere de flus d'urine, & que le ventre s'ouvre en mesme temps; que le pous est plus

élevé, & que les veines paroiffent plus tenduës; que la peau
devient moite & humide par
une fueur vaporeufe répanduë
fur la furface du corps, & marquant d'une maniere également prompte & fenfible, que
ces eaux paffent du centre à la
circonference avec une force
extraordinaire & une merveilleufe activité.

Mais cette force penetrante
& expanfive qui les répand par
tout le corps, & leur donne,
pour ainfi dire, un flus general
dans toutes les parties, fait, que
par leur cours dans leurs interftices fecrets, elles y impriment
des mouvemens divers, & y
produifent enfuite des effets
particuliers dans lefquels on
trouve plufieurs vertus differentes.

Quand elles tombent dans
l'eftomac, la force qui les ani-
H iiij

me les rend capables de penetrer tous les replis de ce viscere ; d'où il arrive, que dans leur
cours, elles fondent les muci-
lages superflus adherens aux fibres de sa membrane interieure, & émoussant la vivacité du
sentiment de son orifice superieur, elles y corrigent l'aigreur
des sucs vitrioliques, & de la
pituite saline & irritante qui
sont les levains de la faim canine, & de cette espece d'indiges-
tion appellée crudité acide : elles y dissolvent les concretions
de glandes qui y interceptent la
circulation de la lymphe, & y
traisnent des embarras : elles le
detergent enfin de toutes les
depoüilles du sang brisé, & de
ses divers recremens , qui s'y
trouvent precipitez, & qui y
dépravent non-seulement par
leur séjour, le ferment digestif, & en vicient les fonctions,

mais qui renversent encore toute l'œconomie de ce viscere.

Quand elles passent dans les intestins; elles y incisent la pituite visqueuse, & y attenuent les sucs grossiers attachés aux fibres de leurs tuniques : elles les degagent des serosités acres & piquantes, qui y sont infiltrées; elles y adoucissent les humeurs sallées & rongeantes, & moderent la violence des acides trop forts, qui les dechirent, & les excorie : elles vuident avec beaucoup de succés tous ces endroits là des collections d'excremens qui pouvoient les embarasser & y exciter du trouble.

Quand elles se distribuent dans le mesentere, dans le pancreas, dans le foye, dans la rate, dans les conduits urinaires, & dans toutes les parties qu'on comprend sous le terme general de premieres voyes, & qui sont des dépendances de la region inferieure, elles savonnent l'interieur de leurs fibres, dégagent leurs interstices, & leurs canaux des collections des matieres cruës, & dissipent les flatuositez, & les vapeurs frequentes qui s'y forment en détruisant les minieres où se fait leur production. Elles y enlevent les digues & les divers embarras qui y sont causez par des tartres salins, des terrestreitez fixées, & de vieilles viscositez, qui depriment leurs fermens naturels. Elles délivrent leurs glandes des serositez superfluës qui les abbreuvent, & detachent de leur interieur tous les amas des sucs aigres, & les levains de saumure acide, qui portent de là leur flus sur differentes parties, qui en sont diversement fatigués, & qui en souffrent souvent des atteintes dangereuses.

Quand elles se répandent dans la matrice, elles la detergent des impuretez tartareuses, de la lie du sang grossier, des feculences pituiteuses, & de toutes les superfluitez humorales, qui interrompent le cours des purgations lunaires, qui traversent la conception, qui produisent les fleurs blanches, & qui entretiennent plusieurs affections propres à cette partie.

Quand elles coulent dans les vaisseaux sanguins, elles y animent la masse du sang, en y imprimant un mouvement plus actif, & y faisant reluire les étincelles du feu naturel, qui s'y trouve ralenti & languissant. Elles y écartent les eaux surabondantes, qui y affaissoient les efprits, & les pouffent vers l'habitude du corps par une avantageufe tranfpiration. Elles emportent fouvent dés les premieres prifes les écorces des fels émancipez, & enfuite elles en enlevent vigoureufement les noyaux, lefquels font comme les racines & les femences des intemperies fixes du fang, qui font éclorre ordinairement de longues & difficiles maladies.

Quand elles parcourent les dépendances du poulmon, elles y attenuent avec beaucoup de force la lymphe vifqueufe & adherente à fes conduits. Elles y fondent les concretions répanduës dans fes veficules orbiculaires. Elles le debarraffent fouvent auffi-bien que la trachée artere du debordement des ferofitez nitreufes & acides qui y excitent la toux,

& l'oppreſſion, & qui mena-
cent la poitrine.

Quand enfin par la force de
leur fluidité naturelle & par la
regle du mouvement des liqueurs, elles penetrent juſques
dans le cerveau, dans les parties nerveuſes, dans les membranes des muſcles, & dans les
articulations; elles y font ſentir les effets d'une vertu vive
& puiſſante, qui écarte les a-
mas des seroſitez infiltrées dans
les glandes du cerveau, qui
rompt les digues retranchées
dans l'interieur des nerfs, qui
enleve les minieres ſpaſmodiques repanduës ſur leur écorce, qui fond les lymphes concretes couchées ſur les membranes des muſcles, qui diſſout
les ſucs & les ſels coagulés
dans les jointures, & qui re-
ſout enfin les concretions fortes & outrées & les amas d'hu-

meurs épaiſſies qui occupent les parties exterieures, & entretiennent pluſieurs infirmités par la lezion de leurs fonctions.

CHAPITRE XVI.

Idée generalle des vertus des eaux de Bourbon dans les Bains & dans la Douche.

COmme les eaux de Bourbon priſes au dedans dans une boiſſon bien reglée y conſervent une vertu d'agir, & y donnent des mouvemens ſalutaires qui ſe répandent du centre à la circonference en épuiſant les ſources interieures de pluſieurs maladies, & détruiſant en même tems celles qui ſont attachées à l'exterieur du corps. De même quand elles ſont appliquées au dehors dans les bains & dans la Douche, elles y déployent une force merveilleuse qui va de la circonference au centre, où elles ne surmontent pas seulement les infirmités, dont le siege est dans l'habitude du corps; mais elles attaquent utilement celles qui ont leurs minieres plus avancées, & leur source dans des endroits plus reculés.

En effet les bains décraffent la peau, & par la penetration du sel deterfif de ces eaux chaudes, ils dégagent les pores exterieurs des matieres qui y font attachées, & qui en bouchant leurs iffuës secretes, interceptent le cours des fuliginofités du sang, lesquelles doivent fans cesse se donner jour à travers ces conduits infenfibles.

Ils penetrent dans l'interieur des glandes fubcutanées. Ils delivrent les extremitez des petits vaiffeaux qui y aboutif-

fent, de la craffe qui les ob-
ftruë, & qui les empefche de
depofer au dehors les exhalaifons fuligineufes. Ils ramollif-
fent leurs fibres & les humectent, fi elles font roides, def-
fechées, & mal-propres à fe
plier, pour aider à l'infenfible
tranfpiration; où ils les détergent des ferofités fubtiles infiltrées dans leurs interftices fecrets, quand elles les gonflent
trop, en leur oftant la fouplef-
fent & la flexibilité, fans laquelle les recremens infenfibles
qui doivent couler fans ceffe
par les pores de la peau, n'ont
pas leurs iffuës libres.

Ils portent leurs impreffions
fur les membranes des mufcles,
en y fondant les lymphes concretes qui s'y trouvent couchées, où y diffipant les ferofités acres qui les abbreuvent, &
qui y caufent la tention, la

douleur & l'embarras de leurs fonctions.

Ils échauffent les membres froids, & raniment les parties paralysées, par la penetration d'une vertu subtile & insinuante, qui passe jusques dans les pores secrets des nerfs, où ils rehabilitent les esprits animaux dans leurs irradiations ordinaires, & dans le cours naturel de leurs mouvemens.

Ils humectent & ramollissent les parties nerveuses, que les fatigues des convulsions ont trop dessechées, & trop tenduës.

Ils enlevent de dessus l'écorce des nerfs les differentes minieres qui y sont répanduës, & qui causent non-seulement l'engourdissement, la stupeur, & le fourmillement, qui sont les preludes de la paralysie; mais qui par l'irritation des fermens salins qui s'y exaltent, sont souvent les sources des affections spasmodiques, & de plusieurs mouvemens convulsifs, dont on accuse les vapeurs.

Ils portent leurs effets jusques dans les vaisseaux du sang, qu'ils animent par une fermentation plus vive, s'il est languissant, d'où il arrive que les combinaisons des sels fixes sont pour lors affoiblies, leurs liens developpés, & les principes actifs du sang, qui y estoient deprimés, élevés à un estat plus vif, & plus degagé, qui les fait redevenir superieurs, & les range dans l'exaltation naturelle, ce qui forme la bonne constitution des humeurs, leur consistence juste, & leur mouvement reglé.

Ils fondent & dissolvent puissamment dans les glandes les viscositez inveterées, les cras-

ses pituiteuses , & les mucila-
ges salins, qui y sont enfermez,
& qui par des fontes periodi-
ques dont ces recremens deviennent susceptibles, sont la
source de plusieurs fluxions, &
debordemens d'eaux nitreuses,
qu'on voit se dissiper dans l'u-
sage des bains.

Enfin pendant le cours des
bains des eaux de Bourbon, tout
ce qui se meut actuellement
dans le corps de l'homme entre
dans un mouvement plus actif.
Tout ce qui y croupit sous un
estat d'adherence & de fixité ,
se souleve & s'agite. Ainsi tout
y estant ébranlé , tout y estant
plus ouvert; il arrive que ces
eaux prises dans ce tems-là, y
portent plus efficacement leurs
vertus, en trouvant pour lors
& des entrées plus libres dans
l'interieur mesme des plus secretes parties & une prise plus

favorable fur les fucs degene-
rez, dont le détachement &
l'évacuation font abfolument
neceffaires à la guerifon de la
maladie, & au rétabliffement
de la fanté.

La Douche eft en quelque
forte à l'égard des bains ce que
les évacuations particulieres
qui degagent une partie font à
l'égard des évacuations generales qui vuident tout le corps.

Il eft vray qu'il revient fouvent de l'ufage de la Douche,
& à la circonference & au centre des alterations fort confiderables & fort promptes; puifque tout y paroift échauffé, &
que tout y eft émeu d'une maniere tres-fenfible & tres-vio-
lente; mais il faut avoüer que
ce remede regarde principalement une partie affectée, qu'il
eft appliqué à un membre exterieur, & qu'il ne fe donne

que fur les endroits membra-
neux & le plus denuez de vifceres d'où l'on veut lever quelque puiſſant embarras.

Ainſi la Douche qui eſt beaucoup plus forte que les bains
doit eſtre regardée comme une
pluye de feu, ou comme une
effuſion brûlante & humide,
qui rougit & enflamme la partie où elle ſe répand, en penetrant dans ſes interſtices, en
ouvrant ſes conduits, en dila-
tant ſes fibres, & en fondant
tout ce qui s'y trouve concret,
& fixé. D'où il arrive, que les
ſucs coagulez y ſont mis en fuſion, qu'ils y ſont briſez & at-
tenuez, & qu'ils ſe donnent
enfin iſſuë, ou par la tranſpiration en s'exhalant en fuligino-
fitez inſenſibles, ou par des
ſueurs fortes en couvrant les
parties douchées d'une abondance d'humiditez qui les laiſ-

fent libres de tous embarras ;
en forte que les circulations
des efprits, & des liqueurs n'y
font plus interceptées, ni les
fonctions & les ufages des
membres particuliers inter-
rompus.

***

CHAPITRE XVII.

*Idée generalle de la maniere d'o-
perer des Eaux de Bourbon dans
le corps humain par l'action de
leur foulfre.*

LA notion generalle que
nous avons donnée des
vertus des eaux de Bourbon
laifferoit de l'obfcurité dans la
fcience de ces eaux, fi elle n'é-
toit éclaircie par quelques reflexions particulieres, qui nous
menent à des idées plus nettes
& plus diftinctes fur cette ma-
iere. Ainfi avant que d'écri-

re des maladies aufquelles les eaux de Bourbon font appropriées, il eft à propos en expliquant leurs vertus de faire voir avec évidence, de quelle maniere & par quels moyens tant d'effets differens en font produits.

Car il ne fuffit pas de dire comme l'on dit communément & en termes generaux, que ces eaux font fondantes, qu'elles adouciffent les aigres, qu'elles attenuent les plus adherentes vifcofitez. & qu'elles exaltent dans le fang ralenti les étincelles du feu vital, que des eaux furabondantes tenoient comme étouffé. On ne doit pas encore fe contenter de l'explication qu'on en donne en difant que tout cela fe fait par une fubftance tenuë, par des principes actifs, par un fel tres-fubtil, ou par un nitre volatil, doüé d'une agiſſante vertu qui altere diverſement les matié-res, en les fondant & les tem-perant. Ces expreſſions vagues ne reveillent en nous aucune idée aſſez preciſe de ce qui ſe paſſe entre les eaux de Bour-bon quand elles ſont dans le corps, & les ſucs morbifiques qui en ſont alterez, quand ces eaux y répandent leurs vertus.

Ainſi l'on comprendra quel-le eſt leur maniere d'operer dans le corps de l'homme, ſi l'on conçoit ſous des notions juſtes & diſtinctes le veritable eſtat du ſoulfre & du ſel dont elles ſont impregnées : c'eſt à dire ſi l'on ſçait quelle eſt leur nature, quels ſont leurs allia-ges, quelles ſont les configura-tions des petits corps dont ils ſont tiſſus ; & quels ſont enfin les mouvemens & les altera-tions qu'ils impriment aux li-queurs

queurs & aux recremens sur
lesquels ils agissent.

Mais comme le soulfre & le
sel de l'eau de Bourbon n'ont
pas de semblables faces ; qu'ils
s'y trouvent sous des estats se-
parez , & qu'ils ont des caracteres individuels, & des proprietez particulieres ; cela fait,
qu'on doit les regarder comme
deux principes , ou comme
deux ressorts distincts, qui y
sont comme deux sources differentes de leurs vertus & de
leurs effets, & qui les font agir
sous des manieres si diverses.
Ainsi l'idée que l'on en a , dis-
tinguant l'un d'avec l'autre :
pour ne les pas confondre &
traiter cette matiere dans toute son étenduë , il faut desti-
ner le reste de ce Chapitre a
d'écrire les operations des eaux
de Bourbon par les mouvemens
de leur soulfre afin d'expliquer

dans le Chapitre suivant, ce qu'elles font dans le corps de l'homme par l'action de leur sel.

Il faut donc remarquer d'abord, que le soulfre répandu dans l'eau de Bourbon, a souffert dans la terre des alterations differentes, lesquelles font comme d'excellentes preparations, qui l'ont élevé à de hautes prerogatives, & luy ont acquis toutes les puiffantes vertus qui paroiffent tous les jours avec tant d'éclat dans l'ufage de ces eaux.

Premierement ce foulfre, qui eft fi doux, & fi balfamique, comme eftant la fleur d'une huile tres-épurée, ou la crefme d'un bitume fort temperé, commence par eftre rarefié dans la matrice fouterraine qui le produit, à la faveur d'un mouvement inteftin de toutes

ſes parties, qui a le caractere
de ce qu'on appelle fermentation. Enſuite ce qu'il y a de
plus fin & de plus delicat dans
ſa maſſe ſe ſubtiliſe, s'exalte,
& par l'impulſion de quelques
eſprits nitreux qui s'y trouvent aſſociez, il s'en detache
ſous des écoulemens ſubtils,
qui ſont brillans & ignez, &
qui entretiennent ce feu humide & moderé, & cette flamme molle & douce, qui alkali-
liſe le ſel de l'eau de Bourbon.

Secondement ce ſoulfre qui
s'eſt épuré dés la ſortie de ſa
matrice en ſe detachant de ce
qu'il avoit de plus feculent, &
de plus groſſier, acquiert encore plus de fineſſe & de pureté dans ſa flagration. Car la
flamme qui s'en produit, brûle
toute la matiere fuligineuſe,
& tous les petits corps étrangers, qui pouvoient s'eſtre ſé-

parez du gros du soulfre en suivant son exaltation. Ainsi l'alteration qu'il reçoit lorsqu'il s'enflamme, le dépoüille de tout le mélange sophistiqué qui pouvoit empescher sa pureté, & dont les plus sublimes elyxirs & les teintures les plus exquises se trouvent ordinairement degagées.

Troisiémement ce soulfre entre dans un estat tres-subtil & tres-épuré, quand le feu souterrain faisant l'alkalisation du sel de l'eau de Bourbon, ses petits corps brillans & répandus en rayons de flamme se fourrent dans les pores secrets du sel, qui sont comme des filtres tres-fins, & des éponges tres-delicates, par où passe seulement ce qu'il y a de plus exalté dans ce soulfre, ses parties les plus heterogenes & les moins spiritueuses n'ayant pas

aſſez de ſubtilité pour s'y inſinuer.

Quatriémement ce ſoulfre
acheve de prendre toutes les
plus ſublimes diſpoſitions qu'il
doit avoir pour eſtre tres-actif
& tres-efficace, quand l'alkali
dans les pores duquel il a eſté
enfermé, eſt penetré par l'acide, qui l'agite impetueuſement
dans la ſource, ou l'eau de Bourbon reçoit l'impreſſion de ſon
boüillonnement, & de ſa chaleur. Car les pointes agiſſantes
de cet acide, qui parcourent
avec éclat & tumulte, & avec
des élans fort vifs les routes
anfractueuſes, dont les ſels de
ce caractere ſe trouvent parſemez, remuent d'abord & detachent enſuite les corpuſcules
du ſoulfre, qui s'y eſtoient ar-
reſtez dans ſon alkaliſation, &
qui ſont comme oppoſés à leur
flus dans le cours de leurs ef-

fervefcences. De maniere que ces fragmens fulphureux dif-perfez dans tout le fein de l'al-kali & auparavant fixez & af-foupis, font émeus, reveillez, & determinez à une agitation fort vive. D'où il arrive qu'ils entraifnent quelques petits corps delicats exhalez de la poudre ou de la raclure faline formée par l'entrechoquement & la collifion des parties de ces fels, avec lefquels ils fe joi-gnent & s'affocient. Et comme ce foulfre, foûtenu de cet allia-ge fort du fein de l'alkali avec beaucoup d'effort, & fous la forme d'un tourbillon tres ra-pide; il fe répand dans le corps de l'eau avec un mouvement animé, qui y fait fentir une cha-leur fort vive, & qui y impri-me une puiffante force, & une merveilleufe activité.

De tout cela l'on conçoit,

que les petits corps du foulfre
unis à l'eau de Bourbon par
l'entremife de quelques fragmens falins y font comme des
rayons de lumiere, ou comme
des femences de feu, qui coulent avec beaucoup de vivacité, & qui brillent avec éclat
dans les parties les plus fom-
bres, & les plus froides du corps
de l'homme, en y rétabliffant
les irradiations des efprits qui
s'y trouvent éclipfez, en y re-
habilitant les fermens dont les
pointes eftoient émouffées, &
en y faifant enfin reluire les é-
tincelles du feu vital, qui y
eftoit prefque éteint.

Mais on aura une idée plus
jufte & plus precife des operations de ce foulfre, en les re-
duifant à ces trois effets, qui
ont rapport aux efprits, aux fermens, & à la chaleur naturelle.
Dans l'un il exalte les efprits

deprimez fous les combinaifons des fels fixes. Dans l'autre
il ranime les fermens affoiblis
fous le poids des flegmes coagulez. Dans le dernier, il fait
reluire la chaleur naturelle
l'anguiffante fous les amas des
eaux. Par là il adoucit les fels
aigres, il fond les lymphes concretes, il écarte les ferofitez
flottantes.

Quand les fermens des vifceres viennent à décheoir de leur
eftat naturel par la perte de leur
volatilité ; ils deviennent aigres
& fixes, & impregnent tous les
lieux de leur fource de plufieur
femences d'acidité, qui ger-
ment en fucs vitrioliques, &
font éclorre des flus de faumure acide, qui refferrent les matieres des digeftions, qui en fixent les efprits, & qui y répandent des vices, que les autres
coctions ne corrigent point. Or

le foulfre de l'eau de Bourbon
qui eft fubtil, balfamique &
adouciffant, tempere l'aigreur
de ces fermens, & les met par
fon activité vive & ignée en
quelque voye de volatilifation,
en enlevant & confommant
tout-à-fait les noyaux des fels
fixes, répandus dans les lieux
fecrets, ou les fermens naturels s'exaltent, & s'élevent au
point de leur perfection.

Quand les digeftions font
mal faites, il fe forme beaucoup de tartres gluans, &
de fucs mucilagineux, qui
fe retranchent dans l'interieur des glandes des parties di-
geftives, où ils traifnent des
embarras divers, en empef-
chant la filtration des liqueurs
qui y circulent, & terniffant
la pureté des fermens, qui y reçoivent l'exaltation. Ces recremens vifqueux, qui de-
I v

vroient estre en quelque façon
fluides dans les digestions par-
faites, ont pour lors une consistence fort fixe, & fort adherente, parce que les matieres
qui se digerent, & qui sont la
source humorale qui les produit, n'estant pas assez ouvertes, penetrées & mises en mouvement par les fermens digestifs, qui se trouvent énervez
& languissans : leurs parties vives & volatiles, dont la préeminence sur les principes pas-
sifs fait les bonnes coctions, ne
s'y exaltent pas : au contraire,
elles y sont resserrées sous les
liens des sels fixes, qui les mettent, pour ainsi dire, dans l'i-
naction, en leur ostant la force d'en agiter la masse, d'en spi-
ritualiser les parties fixes, &
de leur imprimer ces mouvemens intestins, qui les rarefient, qui les rendent legers &

fluides, & qui les tiennent comme en voye de volatilifation. Ainfi ces recremens fortis du fond de ces matieres cruës, participent à l'eftat de leur indigeftion, ayant des parties pefantes, froides, & attachées, à caufe que les petits corps de chaleur s'y trouvent étouffez fous des alliages fi maffifs & fi adherens. C'eft pourquoy ils y font fans activité : iis n'y font capables d'aucun effort : ils n'y foutiennent aucune agitation inteftine : ils n'y donnent aucun de ces effets expanfifs qui délient les principes de ces matieres, qui les écartent, qui en relafchent le tiffu, & qui les mettent dans la fluidité. Or le foulfre de l'eau de Bourbon fond ces vifcofitez par la penetration de ces corpufcules infinuans, lefquels eftant renforcés par les pointes vives de

quelques fragmens salins, attenuent & ouvrent ces sucs visqueux, entrent dans leur interieur, developent leurs parties
liées, & entravantes, & dégagent enfin leur soulfre centrique, qui sort de la depression
pour devenir exalté. Ce qui
fait que ces matieres estant deliées, & leurs principes actifs
debarrassez, leur consistence
fixe est renduë fluide, leur fri-
gidité se convertit en chaleur,
leur repos en mouvement, &
leur adherence en un flus qui
les répand vers les égouts, &
les émonctoires, où ils trouvent des issuës favorables.

Quand la masse du sang est
inondée de serositez nitreuses,
sous l'amas desquelles ses principes actifs languissent : que les
humeurs y sont d'une temperature froide & humide, &
que leurs parties vives & mol-

les qui doivent éclater en chaleur se trouvent deprimées dans
les eaux sur-abondantes ; le
soulfre de l'eau de Bourbon y
lance des étincelles de son feu
doux , qui y produisent sensiblement deux effets ; l'un d'é-
carter les serositez , de les dissiper en vapeurs , & de les
pousser par une espece d'ébullition vers l'habitude du corps
d'où elles sortent en des sueurs
abondantes ; l'autre d'exalter
le soulfre du sang , & de l'éle-
lever sur sa masse aprés l'avoir
affranchy de l'état de sa depression; de même façon que les
soulfres des mineraux fixés sous
des concretions massives , sont
subtilisés & rendus actifs , &
atteignent mesme à l'excellence des plus puissantes teintures,
par le moyen des eaux ardentes & spiritueuses , & des
menstruës sulphureux qui les

degagent des alliages maſſifs, ſous leſquels ils eſtoient reſſer-
rez & comme éteints.

CHAPITRE XVIII.

De la maniere d'operer des eaux de Bourbon par l'action de leur ſel.

POur entrer d'abord en matiere & expliquer la maniere dont ces eaux agiſ-
ſent dans le corps de l'homme par l'operation de leur ſel, il faut ſuivre l'idée de l'état naturel de ce meſme ſel & s'at-
tacher aux notions juſtes & diſtinctes que nous avons déja données.

Ainſi l'on doit porter ſes premieres veuës ſur ce ſel naturel & ſe ſouvenir en meſme temps que nous avons fait voir

évidemment que c'estoit un
sel androgin, doüé d'une nature moyenne entre le volatil
& le fixe, composé d'un acide subtil & d'un alkali delié
joints ensemble par des liens
assez foibles, à cause que les
soulfres ignés qui se méloient
avec eux, ostoient beaucoup
de la solidité de leur alliage.
Ainsi leur tissu estant fort relasché, leur combinaisons n'a-
voit rien de ferme, ni de re-
sistant, qui fut à l'epreuve d'un
feu tant soit peu fort.

Sur cela l'on concevra nettement que quand l'eau de
Bourbon passe dans les parties
interieures du corps de l'homme, elle y répand une abondance de sel qu'on peut y regarder sous trois differentes
faces: ou comme estant encore
dans son entier, sans avoir
souffert d'atteinte dans son tis-

su, & ce sel est pour lors un
nitre volatil: ou comme estant
delié par la separation de ses
deux principales parties ; &
alors il est divisé en deux sels
dont l'un est un sel acide, &
l'autre est un sel alkali.

Quand ce sel penetre les visceres des digestions sans se de-
velopper , & qu'il entre dans
les vaisseaux du sang, sans avoir
rien perdu des parties qui luy
sont propres; il l'impregne d'un
nitre volatil, qui y produit deux
effets ; l'un d'animer la flamme
qui doit briller dans sa masse ,
quand elle s'y trouve trop languissante , & trop ralentie ;
l'autre de la rendre plus vive
& plus lumineuse , quand elle
est environnée de corpuscules
fuligineux qui obscurcissent
son éclat.

Car il arrive quelquefois dans
l'exaltation du sel fixe du sang,

que le soulfre vital y estant deprimé & appesanty sous les
concretions salines, n'est susceptible que d'une flagration
imparfaite. Ne donnant qu'une
flamme foible & languissante,
qui n'a presque pas d'ardeur.
Ainsi comme les matieres in-
flammables, mises dans des
lieux où elles ne peuvent pas
brûler, élevent une flamme d'é-
clat, quand en y jettant du
salpetre, on anime par le mouvement des esprits nitreux l'e-
xaltation du soulfre de ces matieres, dont l'eruption n'estoit
pas aisée sans ce concours; De
même le sel naturel de l'eau de
Bourbon qui est un nitre volatil, renforce par l'agitation
de ses petites parties qui sont
fort mobiles & fort actives, le
mouvement du soulfre du sang,
que les sels fixes resserroient;
il l'éleve sur tous les corps pe-

fans qui traverfoient fon exaltation , & le pouffe enfin en
une flamme plus brillante &
plus durable.

Il arrive auffi dans la degeneration du fang chargé d'impuretez tartareufes , & de feculences falines , que le foulfre
vital environné d'heterogenei-
tés groffieres , ne donne qu'une
flamme foible & obfcure , qui
languit fous l'ombre de la fumée & des exhalaifons de ces
recremens. D'où l'on conçoit
que comme le nitre commun a
la force par la volatilité de fon
fel d'éclaircir les flammes fuligineufes , en feparant du feu
qu'il rend clair & brillant les
plus noires vapeurs qui l'ob-
fcurciffoient , & qui s'en fépa-
rent d'abord , & fe diffipent
dans l'air fous une nuée épaiffe.
De même le nitre volatil de
l'eau de Bourbon clarifie le

sang , en épure la flamme , & poussant par la transpiration insensible qu'il aide par son mouvement, & par son action , les fulginosités impures qui l'éclipsoient; il l'a fait briller par un feu clair & resplandissant, dont la chaleur a moins de langueur & d'obscurité , & l'a fait devenir plus vive & plus éclatante.

Mais quand par la force de la chaleur naturelle de l'estomac par l'activité des fermens digestifs , qui regnent dans les visceres , par la vivacité de la flamme vitale , qui brille dans la masse du sang , ou par le mouvement des esprits qui jaillissent dans les vaisseaux, ce sel vient à se délier; l'acide & l'alkali qui s'en détachent , font bande à part , & se repandent dans les parties les plus secrettes, où ils produisent des effets

differens selon les diverses faces
des matieres qui s'y rencontrent , & qui sont soûmises à
leurs actions.

L'Acide, qui a icy plus de
legereté & d'insinuation que
l'alkali à cause qu'il est plus volatil & plus subtil , parcourt
avec plus de legereté que ce-
luy-cy, les canaux du bas ventre , & les visceres des digestions. Mais comme il est moins
abondant que luy , il n'y opere
pas aussi d'une maniere si étenduë ni si complete. Ainsi il arrive par la premiere disposition,
que ces eaux passent avec assez
de vitesse par les urines, & par
les selles ; & par la seconde
qu'elles purgent legerement
sans vuider presque jamais à
fond les matieres degenerées,
sur lesquelles leurs actions se
répandent.

Cependant l'acide y produit

deux effets merveilleux ; l'un, de percer avec un succés affez prompt les digues des recremens bilieux , mêlés de terre & de flegme , & repandus dans plufieurs lieux des premieres voyes. Car comme l'acide tuë, ou énerve l'alkali : il arrive, que tous les amas d'humeurs fixes , où il entre des fels de ce caractere comme dans les collections de pituite & de bile qui y mêlent beaucoup de fels alkali, il arrive dis-je , que ces amas font foûmis aux operations des acides qui les derangent & les diffolvent , & qui procurent enfin des évacuations de matieres ameres & calcinées. L'autre effet que l'acide produit , eft de paffer dans les vaiffeaux du fang, d'y temperer fes effervefcences , d'y reprimer les violentes ardeurs du foulfre, s'il s'effarouche trop,

& d'y tranquilliser les humeurs
si elles avoient esté poussées à
une agitation trop forte. C'est
par là que les eaux de Bourbon rafraichissent dans certains
cas , qu'elles sont adoucissantes
& benignes dans leurs operations, & que les malades qui
ont pris des eaux plus brusques,
vont enfin aux eaux de Bourbon pour se temperer, & mettre par leur usage, les humeurs
battuës & agitées dans un état
plus moderé.

L'Alkali qui donne beaucoup
du sien dans la composition du
sel naturel de l'eau de Bourbon , puisqu'une peinte de cette eau laisse dans son évaporation cinquante grains de ce sel,
prevaut aussi par sa quantité
considerablement sur l'acide ;
& c'est par là qu'il produit des
effets plus sensibles & plus com-
plets , qui paroissent avec éclat,

& qui font pour ainſi dire le triomphe de ces eaux.

Cet alkali ſe trouve tellement ouvert aprés qu'il s'eſt détaché de ſon acide, qu'il a priſe non ſeulement ſur les aigres éman-cipés qui errent dans les viſ-ceres, qui coulent dans les vaiſſeaux, qui fluent ſur les parties nerveuſes, & qui exci-tent des fermentations terreſ-tres & ſalines; mais encore ſur ceux qui ſont fixés dans l'in-terieur des glandes, dans les plis des membranes, dans les canaux des nerfs, & dans les interſtices des articulations.

Car comme l'acide mortifie l'alkali, en rempliſſant ſes po-res dont le vuide forme tout ſon état; l'alkali détruit auſſi à ſon tour l'acide, en écornant, ou engageant ſes pointes, qui le font ce qu'il eſt. C'eſt pour cela, que le ſel fixé tiré par

l'évaporation des eaux de Bourbon, & meflé avec du verjus
epuré, du vinaigre bien fort,
de l'efprit de vitriol, de l'aigre
de foulfre , & d'autres acides
diftillés de plufieurs mineraux,
fait naiftre une prompte fermentation , où les aiguillons
des aigres brifés affoibliffent
entierement leur acidité. Ainfi l'on conçoit que l'alkali du
fel de l'eau de Bourbon, fe-
paré de fon acide dans les vifceres des digeftions , ou dans
les vaiffeaux fanguins , s'at-
che d'abord aux aigres , qui y
font exceffifs : qui les prend
& les engloutit dans fon fein,
où ils fatiguent & embarraffent
leurs pointes , aprés s'y eftre
impetueufement exercés. D'où
il arrive que ces mouvemens
ayant énervé les acides fur lefquels l'alkali peut avoir prife,
ils fe repandent jufques dans
les

les lieux de leur source, en y
anantissant leurs minieres, où
la fixité regne ordinairement,
& y introduisant la volatilisa-
tion.

Cet alkali tuë encore les a-
cides coagulatifs, & romp les
concretions qu'ils ont faites;
de mesme façon que les alkalis fixes tirés des vegetaux, efface les coagulations des liqueurs, qu'un aigre avoit épais-
sies. Si l'on jette sur du lait de
l'acide de la presure, il perd sa
fluidité, en se coagulant. Si
aprés on y verse une quantité
proportionnée de dissolution
de l'alkali fixe du tartre, il
reprend sa premiere liquidité.
Ainsi quand la lymphe échap-
pée de ses vaisseaux, s'épan-
che dans les replis des visceres,
dans le sein des glandes, dans
les canaux des nerfs, & dans
toutes les parties qui peuvent

K

en recevoir les effufions, & qu'il s'y mefle enfuite quelque acide vitriolique, ou alumineux, qui la lie, l'épaifit, & la fixe par le moyen de fes pointes, lefquelles en tiennent les parties enveloppées, fous un volume bien ferré: alors l'alkali du fel de l'eau de Bourbon tombant fur ces matieres coagulées, va abforber les aiguillons de l'aigre qui les affermiffoit, & en rendoit la confiftence plus folide: ainfi les pointes qui embaraffoient les parties, fe trouvent enlevées, elles entrent dans le premier eftat de leur relafchement, & leurs corps redevient fluide.

Mais aprés avoir donné une idée generalle des vertus des eaux de Bourbon, & expliqué d'une maniere affez claire leurs operations dans le corps de l'homme par l'action de leur foulfre & de leur fel, il faut marquer dans le chapitre fui-vant les maladies aufquelles ces eaux font appropriées.

CHAPITRE XIX.

Des maladies aufquelles les Eaux de Bourbon font appropriées.

DE toutes les maladies qui s'attachent aux par-ties du corps de l'homme, & que l'on combat heureufe-ment par les eaux de Bourbon, il n'en eft point qui leur foient plus foumifes que celles qui s'en prennent à l'eftomac, où ces eaux déployant d'abord la force de leur foulfre & de leur fel, y portent des changemens favorables, & y produifent des effets merveilleux.

Cette efpece d'indigeftion appellée par les Auteurs crudité, acide, & marquée par les rapports aigres qu'elle envoye à la bouche, cede abſolument à l'alkali du ſel de l'eau de Bourbon, lequel détruit l'acidité ſaline, qui regne dans les fermens digeſtifs, dans le putrilage des alimens mal diſſous, & tournez en aigre, & dans les glandes de la membrane interieure de l'eſtomac, où ce ſel en fuſion a ſouvent une miniere feconde, & intariſſable qui en répand de continuels produits dans les parties qui ſont des dépendances de ce viſcere.

La faim canine, les douleurs d'eſtomac, & les lipotimies, que les malades éprouvent de tems en tems, & qui ont leur cauſe dans une acidité trop forte, & trop irritante ſont combattuës avec ſuccés par le ſel alkali de ces eaux, qui en épuiſe la ſource en y détruifant tous les aigres émancipez.

Les debilitez d'estomac entretenuës par l'excés d'un flegme fluide, qui l'inonde, relâche les fibres de ses membranes, & noye les fermens; les crachemens frequens, causés par l'intemperie froide & humide de ce viscere, qui produit un flux perpetuel d'eaux limpides dont une partie prend son cours vers la bouche, ne sont pas à l'épreuve des eaux chaudes de Bourbon, qui par leur chaleur vive & douce, écartent les humiditez debordées, & en consomment enfin le fond.

Le degoust, la depravation de l'appetit, & les rots frequens, ausquels les melancholiques sont ordinairement sujets, se dissipent par l'usage de ces eaux qui savonent les parties interieures de l'estomac, & les detergent des matieres

pituiteufes, des fucs corrom-
pus, & de la craffe faline, qui
y énervoient fon fentiment naturel, y faifoient fentir les effets des perceptions bizarres,
& y excitoient des fermentations fourdes qui donnoient les
éructations.

L'embaras des glandes de
l'eftomac, qui y empefche la
filtration de la lymphe, qui y
vicie les fermens digeftifs, &
qui caufe les vomiffemens frequens, & les deffauts de la premiere coction, eft emporté par
un conftant ufage de ces eaux,
qui font extrémement fondantes par la force vive de leur
foulfre & de leur fel, & qui
levent avec un fuccés prompt
& heureux les obftructions des
glandes de ce vifcere.

Les fatigues & les embarras
d'eftomac que l'yvreffe a fait
naiftre font promptement effa-

cées par quelques verres de
l'eau chaude de Bourbon pris
peu de tems aprés la debauche.
Car la matiere la plus subtile
du vin qui s'est exhaltée à la
teste où elle a troublé la raison,
a laissé son marc dans le ven-
tricule répandu parmi les interstices de sa membrane qui y
renverse en quelque façon son
œconomie, en l'irritant par les
nausées, le devoyant par le vomissement, le fatiquant par la
soif, & l'accablant enfin par un
sentiment inquiet accompagné
de douleur & de la perte entiere de l'appetit. Ainsi l'eau
de Bourbon beuë dans une
quantité assez mediocre, sou-
lage soudainement ce viscere,
à cause qu'elle delaye ce tartre,
qu'elle le detache des plis où il
estoit adherent, qu'elle luy sert
mesme de vehicule pour le faire passer dans les intestins, où

K iiij

il perd sa force dans le long chemin qu'il parcourt.

La colique soit venteuse, soit humorale, n'a pas de remede plus efficace que celuy qu'on trouve dans ces eaux qui vuident les intestins des collections pituiteuses, dont les sels acides mis en fusion s'agitent avec les alkalis de la bile, en formant des flatuositez irritantes, lesquelles causent des distentions douloureuses aux fibres de leurs membranes; qui degagent leurs plis des sucs mercuriels, qui y sont infiltrez, & qui y impriment des picotemens fascheux; qui delivrent le mesentere des amas de saumure acide, dont le lacis de ses nerfs se trouve pour lors embarassé, & dont les fibres irritées par les éguillons de ses sels fondus essuyent plusieurs empreintes tres-vives.

La diarrhée bilieuse excitée par des acides trop exaltez, qui en ébranlant les parties sensibles du bas ventre, portent l'impression de leurs pointes jusques à la vessie du foye, laquelle exprime pour lors une abondance de suc amer dont le flus se répand dans les intestins, ce caractere, dis-je, de diarrhée cede à l'usage moderé des eaux de Bourbon, qui en détruisent la cause en mortifiant par leur alkali les acides effarouchez qui en sont la premiere source.

La dyssenterie causée par des aigres trop forts, qui s'en prennent aux tuniques des intestins, & dont les pointes trenchantes y font des écorchures, reçoit un considerable adoucissement par l'usage menagé des eaux de Bourbon, prises en boisson & en lavement, non-seulement à cause de leur alkali qui affoiblit ces acides, mais encore par la vertu de leur soulfre, qui a en soy quelque chose de balsamique, pour consolider les extrémitez des petits vaisseaux de ces endroits là, quand ils ont esté maltraitez par la corrosion de quelque sel piquant.

Toutes les obstructions du bas ventre où les feculences salines, & les vieilles viscositez ont plus de part que toute autre chose, sont parfaitement levées par les eaux de Bourbon, qui les fondent & les dissolvent, & affranchissent enfin les lieux où elles sont retranchées des embarras & des oppressions ausquels ils estoient livrez.

Les oppilations de rate, sa tension, & ses météorismes n'ont point de meilleur remede, que celuy qu'on cherche dans

ces eaux , parce que leur sel a
une vertu singuliere contre le
tartre fixe , qui est ordinairement deposé dans ce viscere ,
& qui renferme la semence qui
fait éclorre presque toutes ses
affections.

Les fleurs blanches , la suppression des purgations lunaires , la sterilité , & la plûpart
des maladies de la matrice, causées ou par les digues de ses
vaisseaux , ou par les amas des
putrilages , salins , des mucositez fonduës , & des feculences
acides , qui vicient le ferment
de cette partie , & alterent diversement sa temperature , sont
gueries par les eaux chaudes de
Bourbon , prises sous des regles bien justes.

Les pasles couleurs, & l'icte-
ritie noire , où les principes a-
ctifs du sang languissent ; & où
regnent les superfluitez tarta-

reuses mises dans un estat de fusion, & répanduës sur toute l'habitude du corps, peuvent estre effacées dans la piscine des eaux de Bourbon qui raniment les humeurs abattus, qui épuisent le fond des tartres fluides, & en enlevent enfin les impressions.

La passion hysterique, la mélancolie, l'affection hypocondriaque, & ce genre de maladie, qu'on comprend sous le terme general de vapeur, ne resistent pas long-temps à la force des eaux de Bourbon, lesquelles sont presque toûjours superieures aux causes interieures qui les produisent en adoucissant & diaphorisant les sels, qui en sont la source.

La fievre quarte, qui dans l'intervalle de ses accés n'est suivie d'aucune ferveur de sang, qui n'a fait aucune impreſſion d'ardeur dans aucun viſcere, qui n'a traiſné aucune enflure, ni aucune fonte conſiderable dans les chairs, trouve ſouvent dans l'eau de Bourbon, priſe ſous un uſage bien moderé, un ſel veritablement febrifuge, qui détruit l'acidité febrile du ſang, & le ramene à ſa premiere conſtitution.

Le Rhume naiſſant, les fluxions d'eaux aigres, & nitreuſes qui coulent ſur le goſier, ſur la trachée artere, & ſur les poulmons, la toux ſeche & ſpaſmodique, les douleurs laterales accompagnées de frequentes rigueurs, & entretenuës par des ſels fluides, & piquans, répandus ſur les fibres membraneuſes des muſcles intercoſtaux, ſe gueriſſent heureuſement à Bourbon par la force merveilleuſe du ſoulfre & du ſel de ces eaux, qui adouciſſent

les aigres intemperez & les acides fondans, écartent les eaux
furabondantes, & pouffent par
la fueur, ou par l'infenfible
tranfpiration les lymphes falines, irritantes, & debordées,
qui prennent leurs cours vers
la poitrine.

L'aftme, foit qu'il vienne
d'une maniere craffe & vifqueufe, attachée à l'interieur des
glandes des poulmons, ou de
quelques concretions fixées
dans fes veficules orbiculaires,
ou d'un flux de ferofité acide
qui coule dans leurs conduits;
foit qu'il ait fa fource dans un
fang épais & groffier, qui pefe
fur la poitrine, en preffant ou
bouchant les voyes de l'air;
foit qu'il foit excité par la
tenfion ou le gonflement des
vifceres du bas ventre, qui
compriment le diaphragme &
refferent par-là les poulmons.

ſoit qu'il ſoit enfin cauſé par
des lymphes ſalines infiltrées
dans les interſtices des fibres
nerveuſes des organes de la
reſpiration, qui y impriment
de temps en temps des agitations ſpaſmodiques. Toutes
ces differentes eſpeces d'aſtme
ſont utilement combattuës par
les eaux de Bourbon, qui ſa-
vonnent les glandes des poulmons, en détachent la craſſe
qui y eſt adherente, qui adouciſſent les seroſités aigres repanduës ſur la poitrine, qui
ouvrent le tiſſu trop ſerré du
ſan, & animent ſa circulation
retardée, qui decraſſent & detergent les hypocondres des a-
mas des feculences acides, leſquelles groſſiſſent leur volume
& les tiennent trop tendus,
& qui penetrent enfin dans les
replis des plus ſecrettes parties
de la poitrine, en les dégageant

des ſeroſités infiltrées, qu'elles
pouſſent ou par des ſueurs aſſez
abondantes, ou par les voyes
inſenſibles de la tranſpiration.

La palpitation du cœur &
les irregularités de ſes vibra-
tions rendent le pous intermit-
tent, & qui procedent ordinairement d'une degeneration de
ſang devenu fixe, épais & gru-
meleux, & mal propre à ſoutenir l'uniformité de ſon mouvement, peuvent eſtre empor-
tés par les eaux de Bourbon, à
cauſe de l'abondance de l'alkali de leur ſel, qui redonne aux
humeurs leur premiere fluidité
& rétablit l'égalité de leurs
cours en detruiſant les acides intemperés qui brochoient leurs
globules, épaiſſiſſoient leur
maſſe, & la coaguloient.

L'intemperie froide du cerveau, qui eſt la ſource des debordemens d'eaux ſalées qui

coulent dans le nez, dans la bouche, sur les dents, sur la luette, & sur l'œsophage, n'a point sans doute de remede plus excellent, que ces eaux chaudes, qui échauffent le sang & le cerveau, & les remettent dans leur premiere temperature, en épuisant tous les amas de serositez subtiles qui les ab-breuvent, pourveu qu'une in-temperie chaude d'entrailles ne soit pas de la partie, ce qui s'opposeroit en ce cas à l'indi-cation de ces eaux.

Les grandes & inveterées douleurs de teste, causées ou par des concretions répanduës sur les membranes du cerveau, ou par les dépoüilles d'un sang aigri qui les chargent d'un tar-tre irritant, ou par un flus de serositez acides, qui y excitent de fascheuses vellications ; & les migraines sympathiques ,, qui dans leurs frequens retours poussent souvent leur violence jusques au dernier excés, & marquent par là un grand abord de recremens fluides, coulez sur les parties membraneu-ses de la teste, & sortis de l'es-tomac, de la rate, de la matri-ce, du pancreas, ou de quel-ques autres endroits du bas ventre, embarrassées par des minieres retranchées dans leur interieur ; ces especes, dis-je, de douleurs de teste ayant esté à l'épreuve des remedes appro-priez à ces differens caracteres de maladie, & pratiquez en di-vers tems, sont détruites par les eaux de Bourbon, qui fondent non-seulement les concretions couchées sur les membranes du cerveau, & corrigent en mes-me tems l'intemperie aceteuse du sang, qui le rendoit fecond en écoulemens d'eaux salées,

en tartres flottans , & en recremens acides , mais qui lavent
encore le ventre inferieur , en
détergent les receptacles , & le
délivrent de leurs minieres.

La surdité, & le bourdonne-
ment d'oreilles , que des sucs
épaissis & concrets dans ces
endroits, entretiennent, se dis-
pent souvent dans l'usage de
ces eaux prises par la boisson ,
& par les bains , & seringuées
dans le fond des oreilles.

Les embarras de la langue ,
soûtenus par l'intemperie d'u-
ne teste grasse, & humide, peuvent estre levez par le moyen
des eaux de Bourbon qui épuis-
sent les humiditez du cerveau,
& écartent les lymphes , dont
les nerfs de cette partie sont
abbreuvez.

Les maladies convulsives, ou
les serositez aigres & irritantes
ont plus de part que les sels ni-

trosulphurez, le vertige, & l'épilepsie sympathique, dont la source est dans quelque miniere du bas ventre, qui fournissent de tems en tems à la teste des sels tumultueux & explosifs, cedent aux vertus de ces eaux, qui détruisent les aigreurs des sucs spasmodiques, & consomment tous les amas des sels ennemis, qui portent ordinairement leurs coups à la teste.

La paralysie, l'engourdissement des parties, & le tremblement de quelques membres particuliers se guerissent à Bourbon, parce que ces eaux, en detruisant par l'abondance de l'alkali de leur sel l'acidité des sucs vitrioliques coagulez dans l'interieur des nerfs, enlevent les digues resistantes, qui s'opposent au cours des esprits animaux, en fondant par la

force de la chaleur de leur foulfre, les humeurs concretes couchées fur l'ecorce des nerfs,
les dégagent des matieres em-
barraffantes, qui refferrent par
leur pefanteur leurs conduits
fecrets, & oftent beaucoup de
la liberté du flus des efprits,
dont les irradiations deviennent imparfaites, & languif-
fantes, en foüillant enfin & penetrant par la vivacité de ces
deux principes jufques dans l'interieur des parties nerveufes,
emportent les minieres qui y
font retranchées, & qui en-
voyant journellement dans les
nerfs des écoulemens explofifs,
mettent les efprits animaux
dans des mouvemens irregu-
liers, ou dans de violentes tre-
pidations, qui caufent de frequentes, ou de continuelles
tremeurs.

La goutte, la fciatique, &

les impressions fascheuses du rhumatisme, qui n'ont d'autres causes interieures, que les sels mis en fusion, & ensuite coagulés, n'ont point de secours plus approprié que celuy que les malades qui en sont atteints trouvent dans les eaux chaudes, & principalement dans celles de Bourbon, qui adoucissent d'une maniere fort seure les aigres intemperés, soit qu'ils soient errans par la fonte ou fixés par la coagulation. Ainsi elles n'ont pas seulement la vertu de guerir ces maladies, quelques envieillies & outrées qu'elles soient, & d'en empêcher le progrés, lorsqu'on les attaque au point de leur naissance : mais d'en prévenir mesme l'insulte, quand ceux qui en ont esté autrefois affligez, les prennent par précaution.

Des maladies ausquelles les eaux de Bourbon ne conviennent pas.

CHAPITRE XX.

COmme l'idée generalle des rapports qui font entre les eaux de Bourbon & les maladies ausquelles ces eaux conviennent, nous conduit aux bonnes regles de leur usage, & que la justesse de leur application fait qu'on en éprouve les plus heureux effets : aussi la connoissance des disproportions qui se trouvent entre ces mesmes eaux & certaines infirmitez du corps humain qui leur font tout-à-fait opposées nous en éloigne avec beaucoup de raison pour ne pas exposer les malades aux suites fascheuses qui en seroient souvent à craindre.

Car les eaux de Bourbon ont cela de particulier dans leurs effets, que dans la pluſpart des cas, ou leur uſage eſt bon, elles paſſent juſqu'à l'excellent & au merveilleux; & que dans ceux où il eſt mauvais, elles vont au delà du pire.

En effet ces eaux ſont extremement mobiles & diſſolvantes. Elles portent par tout la fonte, le mouvement & la chaleur, & pouſſent quelquefois leurs effets juſqu'au plus haut éclat. Ainſi dans toutes les maladies où il faut fondre, agiter, échauffer, leurs operations ſont ſans doute fort promptes & fort heureuſes, & vont ſouvent au delà de ce qu'on peut attendre.

Mais lorſqu'il arrive dans quelques maladies, que les humeurs ſont fonduës, émeuës, échauffées, & que le fond qui

les

les entretienr, produit trop de
fonte, d'agitation & de feu ; on
y éprouve toûjours non-seulement des effets de l'inutilité de
ces eaux, mais on y trouve encore des suites desagreables &
perilleuses, à cause qu'elles
multiplient pour lors les fermens de ces maladies, & qu'elles en effarouchent les accidens
par un surcroist de fonte, de
mouvement & d'ardeur qu'elles laissent dans le sang & dans
les minieres, ou ces excés a-
voient peut-estre auparavant
plus contribué à leur naissance,
que toute autre chose.

Il est donc important de prévenir ces malheurs, en marquant ici les maladies, ausquelles ces eaux ne sont pas appropriées. C'est pourquoy entrant
d'abord en matiere nous remar-
querons, que comme dans les
fermentations salines & terrê-

L

tres, ou le soulfre est ordinairement deprimé, & l'aigre predominant, les eaux de Bourbon conviennent ; ainsi dans
les fermentations nitreuses, &
sulphurées, ou l'huile est en flagration, & l'alkali dans une impetueuse préeminence, les
mesme eaux ne conviennent
pas.

Sur ce fondement, la fievre
ni aucune maladie accompagnée d'émotion febrile, à la
fievre quarte prés qui demande
mesme un usage de ces eaux
tres circonspect & tres menagé
ni intemperie d'entrailles, sou-
tenuës par un excés de chaleur
ou par une abondance d'alkalis
sulphurés, n'ont aucun rapport
aux eaux de Bourbon.

Le marasme, les desseche-
mens, les langueurs, & les flus
de ventre coliquatifs, qui viennent d'une deroute universelle

des principes actifs du sang, &
de la fonte & de l'extinction
de la séve, qu'un feu sourd &
destructif fond peu-à-peu, &
consomme insensiblement,
prendroient sans doute des faces plus funestes dans l'usage
de ces eaux, parce que leur
soulfre & leur sel y sont absolument ennemis, en y imprimant plus d'agitation aux humeurs fonduës; & hastant leur
consomption.

Le flus immoderé des hemor-
roides, & des menstruës, le vomissement sanglant, les grands
saignemens de nés, le crache-
ment de sang, le flus hepatique
& enfin toutes les especes d'he-
morragie, ou de pertes de sang
causées par une fonte, & une
agitation de sa masse, fort brisée & fort desunie, n'ont aucune convenance avec les eaux
de Bourbon qui sont trop acti-

ves, & trop fondantes, propres à porter dans le sang beaucoup d'impetuosité, & de chaleur, & capable en le pouſſant hors des veines, d'en augmenter le flus, & d'y faire de grands fracas.

L'angine, l'ophtalmie, la phreneſie, la peripneumonie, la pleureſie, les inflammations d'eſtomac, d'inteſtins, de meſentere, de foye, de rate, de matrice, de reins, de veſſie, & de toutes les autres parties du corps humain qui en ſont ſuſceptibles, tous leurs excés de chaleur, toutes leurs intemperies, où il entre de la ferveur & de la ſechereſſe, feroient un progrés également prompt & pernicieux, ſi l'on y oppoſoit les eaux de Bourbon, qui fondent & agitent le ſang, & le precipitent dans le cours de ſa flagration ſur les parties embar-

raſſées, où il feroit un plus
grand depoſt & un ſurcroiſt
d'inflammation.

Tous les abcés interieurs ou
exterieurs, qui ont leur ſource
dans une extravaſation de ſang
épanché ſur quelque partie,
n'ont rien en eux qui non ſeulement indique les eaux de
Bourbon, mais qui n'en deffen-
de l'uſage ; à moins que ce
ne fut quelque vieux abcés qui
ayant eſté à l'épreuve des remedes & des ſaiſons, & ſe trouvant placé dans un lieu favorable à l'iſſuë du pus, ne deman-
dât des eaux actives & penetrantes pour le percer. C'eſt
ainſi que j'ay vû à Paris deux
hommes d'un âge aſſez avancé
& d'une ſanté preſque ruinée,
qui prenoient des remedes appropriez à des maladies, dont
la ſuite fit voir qu'ils eſtoient
exempts, leſquels rendirent

l'un par les conduits des urines & l'autre par les voyes des selles une quantité prodigieuse de flus fœtide , aprés avoir pris quelques verres des eaux de Bourbon transportées , qu'on avoit pris soin de rechauffer à la chaleur d'un bain marie presque boüillant; ce qui marqua d'une maniere fort precise que ces malades étoient travaillés de deux abcés internes que ces eaux avoient d'abord ouverts & ensuitte detergés par la penetration & la force de leur sel , dont l'action parut rare & obscure , & donna de l'étonnement & de la surprise.

Les ulceres du mesentere, des reins & de la vessie, & ceux qui attaquent les poulmons, & les autres parties du corps, s'irritent par l'usage de ces eaux, qui sont ennemies dans toutes les maladies où le vice est local,

quand il y a fur tout une con-
fiderable defunion.

L'érefipelle caufée par des
fucs acres & calcinez ; l'ictere
produit par une bile trop fubtile, & trop exaltée; le colera
morbus, ou l'excés de ce re-
crement irrité paroift avec tant
d'éclat, font abfolument oppofez aux eaux de Bourbon qui
n'ont aucune prife, ni aucun
effet favorable fur les fucs de-
generez, qui excitent ces differentes maladies.

Toutes les affections des
reins & de la veffie de quelque nature qu'elles foient,
n'ont rien en elle qui demande le fecours de ces eaux; à
caufe qu'elles portent fur tout
dans ces endroits là qui fe trouvant atteints de la moindre debilité, tombent dans une op-
preffion funefte, par l'abondance des eaux qui s'y precipitent,

& dont ces parties foibles n'ont pas la force de se debarrasser.

L'ascite, la timpanite, les obstructions des visceres accompagnées d'enflure, & les maladies chroniques, où les parties exterieures s'enflent par les amas des lymphes, ou le visage est bouffi, & ou les extremitez sont tumefiées, prendroient à-coup-seur des faces plus terribles, si les malades qui en sont attaquées avoient recours à ces eaux ; parce que le sang trop brisé, & trop dissous dans ces sortes de maladies, deviendroit encore plus fondu & plus detruit, par l'action du soulfre & du sel de ces eaux, qui en le poussant trop, precipiteroient ses debris sur les parties enflées & sur les lieux où les grands embarras sont établis.

La Manie, les insomnies, &

les affections soporeuses n'ont aucune convenance avec les eaux de Bourbon, par l'ardeur & par la fonte, qu'elles porteroient & dans les vaisseaux du sang, & dans les minieres des flegmes coagulez. Car le sang devenu plus ardent, exprimeroit de son feu une plus grande quantité de sels acres, qui s'exalteroient vers la teste, & les minieres debordées par la dissolution de leur flegme, verseroient dans le sang un torrent de lymphes fonduës, qui se livrant à la rapidité de son flus, se répandroient en abondance dans le cerveau.

Enfin les eaux de Bourbon sont generalement deffenduës dans toutes les maladies, où il entre trop de fonte, de mouvement & d'ardeur: ou le sang sort impetueusement hors des veines: ou sa masse épanchée

L v

a fait des deposts sur quelques parties : où il se trouve un vice local par une considerable desunion : ou il y a de l'inflammation & de l'enflure : & ou l'alkali est predominant & irrité, & le soulfre exalté, & dans une violente flagration.

Fin de la premiere partie.

TRAITÉ

DES EAUX

DE

BOURBON

L'ARCHAMBAUD.

SECONDE PARTIE.

CHAPITRE I.

Des reflexions qu'on doit faire sur les maladies & sur le tempera-ment des malades avant qu'on se détermine aux Eaux de Bour-bon.

APrés nous estre arrestez assez long-tems au gros des choses qui ont rapport aux eaux de Bourbon, & qui don-

L vj

nent une idée generale de leurs principes, de leurs vertus, & de leurs operations dans les maladies, il faut descendre presentement dans le detail de celles qui menent à la pratique en enseignant les regles particulieres selon lesquelles on en trouve le veritable usage, & on en éprouve les plus heureux effets.

Car les vertus des eaux de Bourbon ne se manifestent jamais mieux que dans la justesse de leur application : & comme elles ne dependent pas seulement des notions generales que nous en avons données dans la premiere partie de ce livre qui fait comme une espece de theorie de la science de ces eaux : mais qu'elles sont encore attachées à certaines observations, sans lesquelles on ne peut bien trouver ni la juste methode de leur ufage, ni les heureux effets qu'elles produi-fent, pour ne rien obmettre là-deffus de tout ce qui femble neceffaire, cette feconde partie roulera fur trois chofes; fur cel-les qui doivent eftre obfervées par les Medecins & faites par les malades avant l'ordonnance & la prife des eaux; fur celles que l'on doit pratiquer dans le cours de leur ufage; & fur cel-les enfin qu'il ne faut pas ne-gliger quand le tems des eaux eft fini.

Les premieres remarques que nous allons faire, & qui font de confequence dans la pra-tique s'appliquent à la caufe & au fond de la maladie, dont on tire l'indication des eaux, & à la difpofition du tempe-rament du malade auquel on les confeille.

C'eft pourquoy avant que le

Medecin consente, ou qu'il
s'oppose à l'usage de ces eaux il
doit tres exactement reflechir
sur la cause interieure de la maladie qu'on veut combattre, &
qui semble les indiquer ou les
deffendre. Une teste par exemple qui sera grasse & humide,
& susceptible de l'impression
d'un air froid remplira le cerveau d'une source abondante
d'humidités, d'où il se répan-
dra des écoulemens sur plusieurs parties, où il se formera
des embarras fascheux que les
eaux de Bourbon à la premiere
veuë du mal sembleront tres-
propres à dissiper. En effet un
flus fecond & intarissable de
ferosités froides, coulé d'un
lieu tout couvert d'humiditez,
ne semble-t-il pas d'abord re-
clamer les eaux chaudes, & sur
tout celles de Bourbon, qui
effacent d'une maniere égale-

ment prompte & seure ces caracteres d'intemperie, & écartent tous les amas qui en font
produits?

Cependant fi l'on approfondît
la chofe, en penetrant jufques
dans le fond de la maladie, on
trouve fouvent que le fang eft
de la partie, qu'il eft mefme
premier en defaut, qu'il peche
par un endroit abfolument op-
pofé à celuy qu'on envifage feul
& où l'on veut porter tout le
monde. On voit que fa maffe
agitée, fonduë par un excés de
ferveur & boüillonnement avec
beaucoup de rapidité, monte
à la tefte par le moyen des ar-
teres en plus grande abondance: qu'elle n'en defcend par les
veines. On conçoit par là que
fon cours trop impetueux d'un
côté, & trop lent de l'autre,
donne lieu à des embarras vers
les extremitez de ces vaiffeaux

qui se distribuent dans tous les
endroits de la teste : d'où il arrive que la serosité se détache
du gros du sang, qu'elle s'épen-
che dans le cervau, & qu'elle
inonde ses conduits d'un torrent de flegmes fluide, lequel
abbreuve plusieurs parties, qui
en reçoivent l'écoulement. Or
si dans ce cas là l'on avoit recours aux eaux de Bourbon,
sans faire une assez grande attention à la source du mal ;
n'employeroit-on pas pour lors
un remede qui seroit suspect
& nuisible, puisqu'il imprime-
roit dans le sang plus de mouvement & d'ardeur, & qu'il determineroit sa masse à se porter à la teste avec plus d'impetuosité & d'abondance ? ce qui
multiplieroit à coup seur les
serositez, & rendroit la maladie plus difficile

Il arrive encore que le sang

est alteré d'une g ande fonte :
sa masse, meslée de quelque
ferment étranger, se préci-
pite en serosités salines,
dont une partie se jette sur
les dependances de la poitrine, en inondant la trachée
artere, les poulmons, & l'autre
prend son cours vers les reins,
& les intestins, où elle donne
de temps en temps des flus d'u-
rine limpide, & une diarrhée
sereuse, qui est quelquefois
assez pressante. Si l'on ne regarde que superficiellement le
mal, sans entrer dans l'idée de
la cause interieure qui l'entretient, on soupçonne d'abord
quelque feu sourd dans le sang
on y reconnoist de la fonte :
on y accuse une chaleur des-
tructive qui le met en fusion :
& au lieu d'envisager icy les
eaux de Bourbon que l'on y
croit ennemies, on ne pense

qu'aux remedes raffraichissans.
Cependant ce qui fond & brise
sa masse, se trouve toute autre
chose. Quand on examine de
prés le mal, on découvre souvent dans les visceres du bas
ventre une miniere d'aigreur,
qui envoye journellement dans
les veines un flus de Saumure
acide, qui coagule le sang, &
le resout en eau ; de mesme
façon que quelques gouttes de
vinaigre, jettées sur du laict,
se caillent & se fondent en petit lait. Ainsi l'on voit que pour
n'avoir pas une idée assez diftincte du ferment qui produit
le mal on tombe dans des fautes
qui ne sont pas petites ; on re-
jette les remedes appropriés,
pour se tourner du côté de ceux
qui sont nuisibles : on s'oppose
aux eaux chaudes, sur tout aux
eaux de Bourbon, qui efface-
roient ces minieres d'acidité

& feroient tarir en même temps la source de ses torrens de fleg- mes; & l'on conseille tout ce qui peut delayer comme les eaux qui se tirent par la mace- ration des herbes raffraichissan- tes, qui en inondant la surface du sang, noyent le reste du vo- latil qui y nage sur les sels, & y renforcent par ce moyen les aigres lesquels y rapprochent leurs pointes, en s'y multipliant à mesure que la partie la plus subtile du sang, qui les écartoit se dissipe.

Outre cela l'on doit soigneu- sement prendre garde, avant que de proposer les eaux de Bourbon, que la maladies, qui semble les indiquer, ne soit compliquée de quelque au- tre maladie, qui ne les indi- que pas. En effet une incommo- dité sensible & apparente se trouve souvent meslée d'une

incommodité secrette, qui a
esté la source de celle-là, ou
qui va comme de compagnie
avec elle : & comme l'une &
l'autre ont des causes differentes qui les entretiennent, elles
demandent aussi par cette oppo-
sition, qu'on les combatte par
des remedes. Ainsi ceux qui
semblent convenir à l'une, font
tout à fait contraires à l'autre.
D'où l'on conçoit que si les
eaux de Bourbon doivent estre
ordonnés, pour aneantir celle-
là, leur usage doit estre absolument interdit, de peur que
celle-cy n'en soit irritée, ou
que les deux mesmes, qui ont
quelquefois de secrets rapport, n'en reçoivent un dangereux accroissement. Donnons
du jour à cecy par des exemples connus.

La foiblesse d'un estomac
froid & humide inondé d'une

abondance de ſeroſitez acides qui en relaſchent le tiſſu , & envoyent à la bouche des rapports aigres , ſemble indiquer d'abord les eaux de Bourbon. En effet elles ſont admirables dans ce caractere de maladie , quand il n'eſt pas ſoûtenu par une intemperie oppoſée , & fixée dans quelque autre viſcere : & pluſieurs prevenus ſans doute des vertus des eaux de Bourbon dans les affections de cette partie , ne balancent pas de les prendre, pour échauffer l'eſtomac dans ſa temperature froide & humide , pour en écarter les ſeroſitez aigres , qui abbreuvent ſes membranes , & pour ſavonner l'interieur de ſes glandes , & en enlever les minieres qui s'y touvent retranchées. Cela ſemble bien ordonné, la choſe paroiſt fort juſte, l'apparence y eſt tres belle &

tres - accordante. Cependant
si l'on entre plus avant dans le
fond de la maladie, on decouvre souvent une intemperie
chaude d'entrailles, fomentée
par un excés de chaleur, qui
regne principalement dans le
foye, par la ferveur d'un sang
boüillant, qui y entretient comme un feu de reverbere, lequel
lance sans cesse des étincelles
sur l'estomac ; d'où il arrive que
les mueilages de ses glandes,
où il entre beaucoup de sels aigres , répandus parmi les parties embarassantes des flegmes
coagulez, sont fondus & re-
fouts, en des serositez vitrioliques , ou en des eaux salines &
acides , qui relaschent le tissu
des fibres de ses membranes,
vicient son ferment digestif, &
envoyent à la bouche des rapports aigres. Or la source de
tout cela se trouvant dans un

excés de chaleur, qui fond les
viscositez des glandes de l'estomac, & les charge d'eaux nitreuses; ne voit-on pas combien
seroit hazardeux l'usage des
eaux chaudes, qui peuvent effaroucher le soulfre du sang
boüillant, augmenter la secheresse & la ferveur des entrailles, & imprimer un surcroist de
fonte dans les glandes de la
membrane interieure de l'estomac, qui demanderoit plûtost
dans ce cas-là quelque remede
épaississant, & qui rafraischit,
que des eaux chaudes qui y
augmenteroient la fonte & la
chaleur.

De mesme la goutte froide,
& outrée accompagnée de concretions fortes dans les jointures reclame assez l'usage de ces
eaux chaudes. On attaque par
là non seulement la source du
mal, quand par le moyen de la

boisson on tasche d'épuiser les eaux surabondantes, & de déprimer les sels émancipez, qui par les effervescences qu'ils impriment au sang, y excitent diverses fontes; mais encore on travaille par les bains & par la Douche à fortifier le membre affligé, & à resoudre les coagulations salines qui occupent les articulations. L'ordre de cela paroist net: la methode generalement en est bonne: il semble que les mesures ne sçauroient estre plus justes pour aller à la guerison. Cependant quand on considere que le ferment de la goutte a beaucoup de rapport à celuy de la pierre; que l'acide qui coagule dans les jointures, petrifie souvent dans les reins & dans la vessie; que par là les goutteux sont fort sujets à la pierre; on verra que les parties urinaires peuvent

vent estre pour lors atteintes
d'un excés de foiblesse, causé
par un sel sablonneux, ou par
une matiere petrifiée, à peu
prés semblable à celle, dont le
volume est si grossi dans les
jointures. De maniere que les
eaux de Bourbon estant ennemies de la vessie, il seroit à craindre, qu'en voulant degager les
membres goutteux, on n'acca-
blat les parties urinaires sous le
poids du torrent des eaux, qui
portent sur tout à la vessie, laquelle se trouvant d'ailleurs
trop debilitée, échoüeroit peut-
estre dans l'embarras & dans
l'empressement de ses fonctions.

Outre cela, il faut que l'indication de ces eaux tirée de la
cause & du fond de la maladie,
quadre avec la disposition du
temperament sans quoy l'on en
éprouveroit peut-estre des sui-

M

tes defagreables. S'il arrive par
exemple quelquefois, qu'une
paralyfie , qu'une fciatique,
qu'une affection hyfterique, &
que plufieurs autres infirmités
que ces eaux gueriffent, travaillent un corps maigre & def-
feché, dont le temperament eft
ardent, & les humeurs échauffées par un excés de chaleur
répandu dans les vifceres, alors
les eaux de Bourbon paroiffent
tres-fufpectes ; & bien que le
fond de ces differentes maladies femble demander leur fecours , neanmoins la difpofition du temperament en rend
l'ufage fort hazardeux : car le
fang qui eft chargé dans cet
état d'un foulfre fec & fixé devient fufceptible d'un plus
grand feu par l'impreffion de
ces eaux : les entrailles en font
agitées par un mouvement plus
violent, imprimé aux fucs , qui

les arrosent , & qui n'y sont
naturellement que trop émeus.
Il est même à craindre , que
des minieres cachées dans le
bas ventre, & remplies de quelque suye exaltée , n'en soient
irritées, & qu'elles ne donnent
une fiévre tierce ou double
tierce.

Il y a encore une autre constitution de sang fort opposée
aux eaux de Bourbon , quand
même l'indication en seroit
complete du costé de la maladie , qui est celle dans laquelle le sang est extenué , ses globules brisés,& ses soulfres tellement rongés par les sels , que
toute sa masse est fonduë , susceptible de soudaines agitations, & repandant des fluxions
frequentes sur les parties. Bien
que le sang soit chargé pour
lors de saumure acide , & qu'il
semble que les eaux de Bour-

bon seroient propres à le deſſa-
ler ; neantmoins leur activité
n'y trouveroit pas une reſiſtance proportionnée , ce qui cau-
ſeroit du trouble dans ſon mouvement circulaire , & peut-être
du dépoſt ſur quelque partie
noble , qui traiſneroit des accidens plus terribles , que le
mal qu'on vouloit combattre.

CHAPITRE II.

Des Saiſons propres aux eaux de Bourbon.

QUand le mal & le tempe-
rament ſont d'accord dans
l'indication des eaux de Bourbon, & qu'il n'y a aucune oppoſition du coſté des forces des
malades. Pour faire le voyage
il faut attendre un temps propre pour ſe mettre en chemin.

Il n'y a dans l'année que deux

Saisons bonnes pour prendre les eaux, qui sont le Printems & l'Automne: l'Hyver & l'Esté ny conviennent pas.

Dans l'Hyver l'air est extrémement épaissi par l'abondance des Broüillards, qui s'élevent de la Terre, & que la chaleur du Soleil qui est alors foible & languissante, n'a pas la force de dissiper. Il est encore pesant & refroidy par la quantité de son nitre, qui n'estant pas dans cette saison volatilisé par les rayons solaires, que l'éloignement de leur astre rend impuissans & ralentis, se trouve étendu, & comme coagulé dans l'air environnant, sous la forme de molecules imperceptibles, qui en fixent l'humidité & luy donnent plus de consistence. Or il arrive là-dessus que l'air qui bloque sans cesse l'habitude de nôtre corps, en bouche les pores par l'excés de l'humidité que les broüillards y ont répanduë, & par la pesanteur que luy donnent les sels massifs dont il est chargé, il en resserre les issuës secretes, & ferme par là les voyes de la transpiration. D'ailleurs les liqueurs qui arrosent les parties interieures de nôtre corps, étant penetrées sans cesse par le mesme air, ces cristaux insensibles qui s'y lient, & s'y incorporent, épaississent leur consistence & ostent aux sucs déposés dans les reservoirs des glandes beaucoup de leur fluidité. De maniere que tout étant au dedans en ce tems-là comme enveloppé, & les portes du dehors se trouvant presque fermés, la transpiration se fait mal, & la plus grande partie des fuliginosités du sang ne trouve presque pas dissuë.

Or comme les eaux de Bourbon sont fort actives & fort
fondantes : comme elles ont
dans le corps un flus prompt,
& un mouvement rapide, qui
les pousse avec vitesse dans les
vaisseaux ; elles doivent trouver des conduits permeables &
bien ouverts pour s'épancher
aisément, & se répandre par
un cours libre dans les parties:
autrement si les voyes estoient
trop resserrées, comme elles
se sont dans l'Hyver, leur flus
arresté creveroit comme un
torrent enflé par une digue
qu'on luy oppose, sur quelque
partie noble où il se formeroit
de dangereux embarras. Mais
quand la liberté des vaisseaux
leur permettroit une facile distribution, & un cours aisé,
elles feroient des fontes si soudaines & si puissantes, en dé-
liant la masse du sang, & dis-

folvant les flegmes épaiſſis, & les tartres coagulés, que le mouvement de la tranſpiration venant à manquer, l'agitation des humeurs fonduës, que les eaux pouſſeroient du centre vers la circonference, reviendroit de la circonference au centre; ce qui pourroit inonder ou les poulmons, ou le cerveau, ou alterer la fonction de quelqu'autre partie, dont la lezion traiſneroit des ſuites redoutables.

Toutes ces raiſons ont ſans doute obligé de ſurſeoir l'uſage de ces eaux durant l'hyver: perſonne n'y a eu recours dans cette ſaiſon; il ſeroit pour lors tres hazardeux de les prendre à moins que ce ne fut dans la naiſſance d'un rhume, où l'on peut boire de ces eaux juſqu'à trois verres par jour, afin de rompre par ce moyen la force

du ferment coagulatif, qui fixe le fang dans cette maladie,
& qui commence à y imprimer
là fonte qui fait le rhume & la
fluxion.

Dans l'efté l'air à une temperature toute oppofée à celle
qui y regne pendant l'hyver,
& les effets qu'il imprime fur
nos corps & fur nos humeurs,
quelque differens qu'ils foient
de ceux que l'autre faifons y
produit, ne laiffent pas d'eftre
pour lors également contraires
aux eaux de Bourbon & d'en
deffendre expreffement l'ufage.
En effet l'efté eft extremement
chaud & fec par la vehemence
de l'ardeur du Soleil, qui fe
trouve plus prés de nous & qui
darde violemment fes rayons
fur noftre hemifphere. Ainfi les
impreffions d'humidité que les
brouillars de l'hyver & les
pluyes du printemps y avoient

M v

laiſſées s'effacent pour lors, &
font place à la ſechereſſe ; dont
l'excés eſt ſoutenu par la flagration des ſoulfres de l'air, que
la terre y a exhalés. Ainſi l'air
y eſt ſec & ardent, il deſſeche
& échauffe nos corps, & il
bruſle & fond nos humeurs d'u-
ne maniere ſenſible ; laquelle
paroiſt & par le ſentiment d'un
feu exceſſif brulant alois dans
l'interieur, & par l'abondance
des frequentes ſueuis répanduës dans ce temps-là ſur l'habitude du corps de la pluſpart
des hommes.

C'eſt pour cela que cette
ſaiſon eſt contraire aux eaux de
Bourbon, qu'on n'y voit point
alors de buveuis ni de peiſon
qui s'y baignent, & que le lieu
y eſt vuide d'étrangers. Car
ces eaux étant boüillantes &
tres mobiles, elles répandroient
& de la ferveur & du mouve-

ment dans le sang, que l'ardeur
de l'air réchauffe & ne meut
que trop, & qui prendroit à la
fin ce caractere d'intemperie,
où regnent la chaleur & l'agitation.

Elles pouroient encore y exciter des fontes perilleuses, &
remuer les amas d'une lie calcinée & soulfreuses, precipitée dans quelques reservoirs
de la basse region du corps ;
d'où peut-estre il arriveroit,
ou que le sang prendroit feu ;
ou que les buveurs seroient
surpris d'une fievre aiguë ; ou
qu'il se feroit des deposts sur les
parties malades ; ausquelles l'inflammation pourroit survenir ;
ou qu'on verroit naistre des
fievres d'accés, caracterisées en
fievres tierces ou double tierces.

Dans le Printemps l'air est
est rempli d'un nitre volatil que
le soleil qui commence pour

lors à s'approcher de nous spiri-
tualise par sa chaleur temperée,
& comme il est dans ce temps-
là moderement échauffé par les
rayons solaires; il arrive que
nos corps qui s'en trouvent en-
vironnés, & dont l'habitude a-
voit esté resserrée par le froid
de l'hyver, deviennent plus re-
laschés & plus ouvert; que les
pores de la peau sont plus dila-
tés; que le sang, qui s'impregne sans cesse dans la respira-
tion de ce sel subtil & animé,
se developpe & s'agite à la faveur des fermentations, qui
s'y renouvellent que les flegmes coagulés se delient; & que
tout enfin y estant remis en
vigueur & devenu susceptible
de mouvemens plus vifs, la transpiration y est plus abondante; les amas de l'hyver conver-
tis en exhalaisons & en vapeurs
se dissipent heureusement par

les voyes insensibles qui sont
fort permeables & fort ouvertes.

Ce temps est tres-convenable
aux eaux de Bourbon. Les corps
se trouvent alors favorable-
ment disposés pour les prendre.
C'est dans cette saison qu'elles
y deployent utilement la force
de leurs principes, & que leurs
coups y sont fort heureux ; car
enfin tout estant alors agité
dans le corps de l'homme, les
mouvemens y estant imprimés
par des substances douces vivifiantes & temperées : incapa-
bles d'y porter aucun feu violent, ni aucune chaleur des-
tructive; les eaux de Bourbon
agissent dans ce temps là avec
beaucoup de vivacité. Elles
passent en seureté dans tous les
vaisseaux du sang : elles penetrent jusques dans l'interieur
de sa masse sans y effaroucher

les soulfres, ni les exciter à aucune dangereuse flagration : elles en écartent les serositez superfluës, & en enlevent les noyaux des sels, & des acides émancipez. Elles fondent puissamment les flegmes épaisses, les tartres coagulez dans leurs minieres, & leur donnent enfin un cours libre du centre vers la circonference. Elles procurent une abondante transpiration & des sueurs copieuses, qui purifie le corps des levains de ses maladies.

Dans l'Automne l'air échauffé par les chaleurs de l'esté commence à estre raffraichy par les humiditez de la nuit qui en ralentissent les soulfres & en éteignent l'ardeur. Cela fait qu'il devient adoucy & en quelque façon temperé, ayant quelque rapport dans ses qualitez à l'air du printemps. En effet l'humidité du printemps dont l'hyver l'avoit remply, se trouve meslée d'une chaleur moderée que le retour du soleil y répand dans cette saison & l'air en est rendu doux. Dans l'automne la chaleur vehemente qui y estoit diffuse pendant le cours de l'esté, s'affoiblit peu à peu par l'éloignement du soleil; l'humidité qui y revient à mesure que cet astre s'en écarte, se lie avec cette ardeur ralentie, ce qui forme dans l'air une temperature pareille à-peu-prés à celle qui y regne dans le printemps. Ainsi les impressions, de chaleur & de secheresse que l'esté avoit laissées sur nos corps & sur nos humeurs, commencent pour lors à s'effacer : les soulfres quittent l'excés de leur ardeur. & se depriment; les sels s'exaltent & les visceres sont moins boüillans, & plus raffraichis.

C'eſt pour cela que les eaux de Bourbon ſont bonnes dans cette ſaiſon. Comme elles ſont chaudes & remplies d'un ſel actif, elles trouvent non ſeulement les corps diſpoſés par ces raffraichiſſemens à recevoir ſans aucunes ſuites faſcheuſes les operations de leur ſoulfres; mais les humeurs où l'aigre devient prédominant, ſouffrent avec ſuccés les impreſſions de l'alkali de leur ſel.

L'une des ſaiſons eſt generalement préferable à l'autre, le Printemps y fait mieux que l'Automne, à cauſe que les corps remplis des humiditées de l'hyver ſont plus propres à ſoutenir les effets de la chaleur de ces eaux, qui y impriment rarement dans cette ſaiſon des mouvemens trop forts, quand ſur tout on a eu ſoin de les preparer, & d'en rendre les voyes

nettes. Mais dans l'automne
les corps font plus échauffés,
& les humeurs y conſervent
des traces de ſechereſſe, qui
peuvent oſter à ces eaux quelque choſe de leur vertus : & en
rendre les operations moins
heureuſes.

Ce n'eſt pas qu'il n'y ait des
cas particuliers où l'automne vaut mieux que le printemps. C'eſt dans ceux où les
malades pituiteux & flegmatiques ont le ſang rempli de ſels
fixes & de ſeroſités ſuperfluës
qui répandent une intemperie
froide & humide dans l'eſtomac, dans les poulmons & dans
le cerveau, ſans que les entrailles, ayent aucun excés de chaleur. Alors l'Eſté prepare en
quelque maniere les corps en
conſommant par ſes ardeurs
une partie de leur humidités,
& les eaux de Bourbon priſes

enfuite dans 'a faifon de l'Automne y pro uifent des effets
excellens.

Mais ceux qui font bilieux
& d'un temperamment ardent
choififfent fort à propos le Printemps , & le preferent utilement à l'Automne ; car les humeurs dominantes dans cette
conftitution eftant foulfreufes
& échauffées ; le froid de l'hyver qui les a fixées leur a donné quelque état de modera-
ration. Ainfi le fang fe trouvant
encore rafraifchy & temperé
dans le Printemps, les eaux
l'alterent pour lors avec moins
d'agitation , fans y imprimer
ces mouvemens rapides dont
il eft quelquefois émeu dans la
faifon de l'Automne.

Ceux donc qui fe ferviront
du Printemps pour aller à ces
eaux, prendront leurs mefures
juftes pour arriver à Bourbon

dans tout le mois d'Avril, afin d'y boire; de s'y baigner, & d'y prendre la Douche, si le mal le demande, pendant le mois de May. Mais ceux qui choisiront l'Automne partiront dans le mois d'Aoust, pour y profiter de tout le mois de Septembre, & y demeurer mesme si la maladie est rebelle jusques à la Toussaints.

CHAPITRE III.

Des remedes generaux qu'on doit faire avant que de prendre les eaux de Bourbon, & sur tout de la saignée.

DEs qu'on est arrivé à Bourbon, on doit se mettre dans les remedes pour se preparer à prendre incessamment les eaux. Le tems que l'on y perd, est irreparable, à cause

que les saisons y sont assez cour-
tes , & qu'elles se dereglent
quelquefois, ou par les ardeurs
vehementes , dont la fin du
Printemps peut estre suivie, ou
par les inegalitez d'un froid
prompt , & brusque dont le
milieu de l'Automne est souvent accompagné.

Ces preparations roulent d'ordinaire sur quelques-uns des
remedes generaux , qui sont la
saignée & la purgation , dont
l'usage bien menagé rend les
effets de ces eaux plus seurs &
plus heureux : car ces eaux
ayant une vertu d'agir également prompte & vive, elles passent non seulement dans les
vaisseaux avec beaucoup de vitesse & d'effervescence (ce qui
fait que sa masse s'enfle, & qu'-
elle, entre dans une assez forte expansion qui donne une
sueur & une transpiration a-

bondante) mais elles penetrent
encore avec une foudaine rapidité les visceres des digestions,
& entraisnent dans leur torrent la lie flottante qui y est
depofée.

Or on tire de ces deux effets
la necessité des deux grands remedes. Dans le premier, le
fang qui s'agite recevant l'impression d'une turgescence extraordinaire, fa masse doit se
trouver pour lors dans une me-
diocrité bien juste, afin que la
plenitude estant ostée de ses
vaisseaux, ils ayent des espaces
libres qui permettent aux eaux
de la soulever. C'est pour cela
que la feignée qui diminuë le
fang, & qui degage fort promptement les veines, doit fouvent prevenir l'ufage des eaux
chaudes, & sur tout des eaux
de Bourbon.

Dans le fecond effet les eaux

parcourent les visceres naturels
& l'interieur de leurs glandes
en y fondant les sucs, & dis-
solvant les recremens divers,
qui s'y trouvent attachez. Et
comme ceux qui y sont fluides,
& flottans, y sont soudainement remuez, & poussez souvent dans les veines; il faut
qu'on previenne les méchantes
suites, qui en pourroient arriver, en tenant les voyes nettes,
& le dedans des visceres puri-
fié des tartres, qui les salissent,
& qui sont susceptibles de mouvemens violens. Or cela ne
se fait que par l'usage des purgations propres, qui doivent
non seulement prevenir l'usage de ces eaux, mais en suivre
encore le cours de tems en
tems pour vuider les matieres
excrementeuses, & les sucs de-
generez, que ces eaux detachent puissamment de leurs
minieres.

Mais il y a plusieurs circonstances à observer avant qu'on se determine à ces deux remedes. Leur indication n'est pas également forte : ils ne conviennent pas toûjours dans toutes sortes de cas. L'un n'est quelquefois d'aucune necessité. L'autre se trouvant dans toutes les occasions d'un usage indispensable, demande pourtant souvent des variations. Developpons cela & donnons - en une idée juste & distincte.

La saignée , generalement prise, & les eaux de Bourbon considerées par leurs vertus sont deux remedes si opposez du costé des indications , que l'idée qui marque l'un dans une maladie , semble d'abord en exclurre l'autre. La saignée rafraischit, calme, fixe. Elle convient lorsqu'il y a trop de chaleur, d'agitation , & de volati-

lité. Les eaux de Bourbon é-
chauffent, aimuent, volatili-
fent. Elles ont lieu dans les
maladies dont le fonds eft
froid, ralenti, & fixe. On fai-
gne, quand le fang eft plein de
mercure gras, & qu'il abonde
en une feve fermentative, qui
s'enfle avec excés, & l'agite a-
vec effervefcence. On boit les
eaux de Bourbon, quand le
fang eft chargé de mercure maigre, & depoüille de fon baume
actif & animé, dont la perte le
fait languir & l'abat. Enfin la
faignée eft propre dans toutes
les maladies, où il y a trop de
fonte; & les eaux de Bourbon
font toûjours utiles dans celles
où il faut fondre puiffamment.

Bien que ces raifons prifes
du fond de la maladie foient
veritablement d'un grand
poids, qu'elles meritent beaucoup d'attention, & qu'elles
faffent

faſſent tres-ſouvent coup dans les indications qui reglent ici l'uſage de la ſaignée : elles plient neanmoins quelquefois pour faire place à celles qu'on tire des effets des eaux de Bourbon, & par leſquelles on approche ces deux remedes qui ſemblent avoir entre-eux une ſi forte oppoſition.

Car les eaux de Bourbon, dont les mouvemens ſont ſi vifs & ſi agiſſans rarefient puiſſamment les humeurs, & reſolvent pluſieurs de leurs recremens en exhalaiſons & en vapeurs : par là elles demandent la liberté des vaiſſeaux & l'abondance de la tranſpiration : la ſaignée procure ces deux effets, & c'eſt principalement pour cette raiſon qu'on doit s'en ſervir ici : car elle diminuë le ſang des veines, qui laiſſe des eſpaces libres dans les

vaisseaux , où les eaux deployent en seureté la force de
leur soulfre, & de leur sel, qui
y impriment tant de mouvement & de turgescence : elle
facilite aussi la transpiration ,
en degagent successivement les
petits vaisseaux capillaires , qui
se distribuent vers l'habitude
du corps , & gonflées quelquefois par l'abondance du
sang , au point d'empescher la
flexibilité des fibres subcutanées , qui doivent estre sou-
ples , & de resserrer les voyes
insensibles de la peau, dont il
faut que les conduits soient
toûjours ouverts.

Ainsi tout le secours que l'on
attend de la saignée dans ces
occasions, se reduisant au de-
gagement des vaisseaux, elle
n'y est necessaire que dans les
cas ou l'on soupçonne une plethore considerable. C'est delà

que l'on doit prendre les indications de ce remede.

Sur cela, l'on aura d'abord égard à la saison. Dans le Printemps où tout reprend vigueur & se renouvelle, le sang se remplit d'une seve agissante qui fermente & s'agite dans les vaisseaux; & comme sa masse se refournit pour lors des épuisemens de l'Hyver & qu'elle souffre dans ce tems-là de tres-legeres dissipations; il arrive que la plethore y regne ordinairement, & que cette circonstance indique assez bien la saignée. Ainsi les malades qui auront un fond raisonnable, & dont les forces ne seront pas fort ruinées, seront plus hardis à se faire saigner dans cette saison que dans toute autre. Mais dans l'Automne le sang est extenué : les ardeurs de l'Esté ont brûlé son baume : les principes actifs y languissent, au lieu d'y faire des expansions ; toute sa masse est considerablement dissipée. Ainsi ces consompsions ayant desempli les veines, les eaux de Bourbon y trouvent des espaces libres pour y faire leurs mouvemens ; & cette seconde saison est par là beaucoup moins favorable à la saignée que la premiere.

Ensuite l'on observera le temperament ; s'il est sanguin, & soutenu par un foin fort vif & fort coloré, si l'habitude du corps est assez épaisse, & si les veines y paroissent grosses & tenduës, l'on peut augurer de là que le sang abonde dans les vaisseaux, que les eaux n'y trouveroient pas de vuide, & alors la saignée peut utilement les desemplir. Les constitutions brûlées, ou les humeurs sont dans une continuelle flagration

qui les diſſipe ne ſont pas chargées de trop de ſang ; c'eſt
pourquoy les ſaignées n'y ont
pas tant de lieu : mais ceux qui
ſont pituiteux & mélancoli-
ques, dont le ſang eſt humide,
languiſſant & fixé, & dans un
eſtat qui ſemble ne demander
pas la ſaignée, ne laiſſent pas
quelquefois avant que de prendre les eaux d'avoir extrêmement beſoin de ce remede. Ils
portent ſouvent dans leurs veines une eſpece de plethore ſou-
tenuë par la diſpoſition de leur
ſang, qui n'eſt pas fort diſſipa-
ble, & dont les vaiſſeaux peuvent venir à leur comble : Et
c'eſt pour cela que la ſaignée
y peut eſtre d'une indiſpenſa-
ble neceſſité, & que ſans elle,
on n'éprouveroit pas les meilleurs effets de ces eaux.

On fera encore attention à
l'âge du malade avant que de

ſe déterminer à la ſaignée. Les jeunes ont beaucoup de ſang, les vieux s'en trouvent plus denuez. Dans les uns la maſſe y eſt plus vive, & plus rarefiée, dans les autres elle s'y trouve ſous un eſtat plus languiſſant & plus condenſé. Par là la ſaignée peut eſtre bonne aux premiers, aux ſeconds elle eſt tres-ſouvent inutile, & preſque toûjours nuiſible dans les maladies meſmes qui indiquent ces eaux.

On ajoûtera enfin à toutes ces reflexions celles qui ont rapport au regime de vie du malade & aux évacuations auſquelles il eſt ſujet du coſté du ſang. Car ſi celuy qui veut prendre ces eaux a mangé beaucoup, s'il a toûjours eſté dans la bonne chere, s'il a mené avec cela une vie fort ſedentaire ſans avoir eſté traverſée par les mouvemens des paſſions, on augu-

re roûjours de là & l'abondance du fang, & la plenitude des
veines qui en demandent l'é-
vacuation, quand fur tout la
fuppreffion des hemorroïdes,
des menftruës, d'un faignement
de nez, ou de quelque autre
perte de fang qu'on a accoûtu-
mé de fouffrir, & qui s'eft arreftée depuis quelque tems, fait
comprendre que le fang eft à
fon excés, & que dans cette re-
pletion les eaux ne fçauroient
penetrer fa maffe fans quelque
danger. Mais fi tout cela ne s'y
trouve pas ; fi le malade travaillé de quelque embarras
d'eftomac accompagné de de-
gouft n'a pris qu'une nourriture fort mediocre ; fi par le mouvement d'un appetit depravé il
a donné fur des alimens maigres, difproportionnez & d'un
mauvais fuc ; fi fur cela il a efté
agité de plufieurs paffions ; s'il
N iiij

s'eſt abandonné ſouvent à de violens exercices ; s'il a meſme ſouffert de grandes hemorragies, & des évacuations conſiderables, qui ayent deſempli ſes veines ; cela recule extrêmement le beſoin de la ſaignée, & le malade peut prendre hardiment ces eaux, ſans s'y preparer par ce remede.

Quand la ſaignée ſera donc indiquée par les endroits convenables qui demandent ſon ſecours, on s'aignera le matin à jeun le malade de la veine la plus commode de l'un des bras, dés le lendemain de ſon arrivée à Bourbon, & l'on aura ſoin d'en tirer depuis ſix juſqu'à huit onces de ſang.

CHAPITRE IV.

Reflexions sur les remedes purgatifs que les malades doivent prendre avant les Eaux de Bourbon.

LA purgation s'ajuste toûjours avec les eaux de Bourbon. Elle est absolument necessaire avant qu'on les prenne : elle est utile dans le tems qu'on les prend : on ne peut presque pas s'en passer aprés qu'on les a prises.

Nous avons dit que ces eaux coulent dans les premieres voyes, à la maniere d'un torrent rapide lequel entraîne les recremens qui s'opposent à son cours, & les charrie dans les vaisseaux sanguins. Cet effet établit tres-bien la necessité de la purgation, qui purifie la bas-

N v

se region du corps, qui en rend
les conduits libres & permeables, & qui previent par là les
méchantes suites, que ces eaux
pourroient traisner par la ne-
gligence de ce remede , dont
j'ay veu un exemple à Bourbon en une personne d'une
naissance illustre , qui n'ayant
pas voulu se purger avant que
de boire ces eaux, à cause de
l'aversion qu'elle a pour tous
les purgatifs , fut surprise six
jours aprés en avoir beu d'une
fievre d'éclat accompagnée de
divers accidens qui la rendirent
tres-difficile & tres-perilleuse.

Ces eaux qui sont extrêmement fondantes détachent des
minieres qu'elles penetrent
beaucoup de recremens qu'elles n'ont pas la force de pousser ensuite dans les égousts du
bas ventre, & par les voyes des
selles. Ainsi de peur que dans

le cours des eaux, ces amas groſſis & parvenus à leur comble ne ſoient portez dans les veines, & répandus dans tous les vaiſſeaux où ils exciteroient du trouble & de la revolte; on eſt obligé lorſqu'on prend les eaux, d'avoir recours de tems en tems à des purgatifs appropriez, dont la plûpart ſont des ſels fondans, diuretiques ou laxatifs qui entraiſnent & foüettent pour ainſi dire les matieres où il y a trop de lenteur, & qui ne ſont pas aſſez ſouples aux impreſſions des eaux, leſquelles ont ſouvent moins d'activité que les autres de reſiſtance, & les pouſſent d'une maniere trop foible vers les lieux où ſont leurs égouſts.

Quand on a pris les eaux, les matieres qui en ont eſté alterées ont perdu dans leur fonte, par les voyes ſecrettes, ou

N vj

fenfibles, ce qu'elles avoient
de plus flottant, & de plus fluide. Ainfi elles laiffent fans doute dans le corps quelque marc,
ou tartre groffier, qui eft encore adherent à fa miniere : outre
cela les eaux quelque vive
qu'en foit la penetration, n'ont
pas efté tellement diftribuées
dans toutes les parties, par un
flus également prompt & reglé,
qu'une portion infiltrée dans
l'interieur des glandes, ou dans
le tiffu des membranes, ne s'y
foit arreftée, en croupiffant dans
leurs interftices. Ces deux endroits font tres-forts & prouvent puiffamment la neceffité
de la purgation, fi-toft qu'on a
pris les eaux. Le marc veut
eftre emporté : autrement il
prendra de l'accroiffement, en
fe revivifiant, & pouffant de
nouveaux germes. Ces eaux
qui font retenuës, & qui n'ont

aucun cours, ne sçauroient sé-
journer long-tems dans les parties qu'elles gonflent, sans les
endommager, en prejudiciant
beaucoup à leurs fonctions. Il
faut donc que la purgation les
degage, qu'elle les affranchis-
se de tous leurs embarras, &
qu'elle mette enfin le sceau à
l'ouvrage de ces eaux, qui est
par là tres-souvent la guerison
parfaite du malade qui vient
de les prendre.

Cette convenance qu'on trouve entre les purgatifs & les eaux
de Bourbon est encore soutenuë
par le fond des maladies aufquelles les eaux font propres,
& d'où l'on tire les indications.
Car comme les maladies que
les eaux de Bourbon guerissent,
ont leur source ou dans les sels
fluides, ou dans les tartres coagulez, ou dans les amas des
eaux surabondantes, ou dans

les matieres fixées en fortes
concretions ; & que tout cela
se trouve joint à une considerable degeneration de sang, qui
est souvent mesme la premiere
de la partie, & qui remplit journellement les premieres voyes
de plusieurs recremens, lesquels
gastent les fermens digestifs, &
les visceres du bas ventre : cela
marque d'abord la necessité des
remedes purgatifs qui évacuent
le ventre inferieur des differentes collections, que les pre-
cipitations du sang y ont deposées, & qui preparent par là les
malades à prendre seurement
les eaux de Bourbon.

Mais il faut qu'on ait soin
dans l'usage des purgatifs de
les approprier à l'estat des humeurs qui dominent dans les
minieres, & qu'on veut principalement vuider. Si le recre-
ment est sec & brûlé, & suscep-

tible d'une prompte impression de feu, on choisira les potions composées d'herbes rafraîchis-santes, & de purgatifs mode-rez, où il n'entre rien d'échauf-fant. Si la matiere est fort ad-herante & fort fixe, on prendra le parti de ceux qui sont plus brusques, & qui fondent puis-samment. Si elle est exaltée par son mouvement, qui la porte en haut, & qui excite de fre-quentes nausées, on y messera quelque émetique qui sera plus ou moins fort, selon que les malades paroistront robustes, & qu'ils auront plus ou moins de facilité à vomir.

Outre cela l'on aura beaucoup d'égard au goust des malades. Les uns ont une horreur gene-rale pour tous les purgatifs don-nez en potion, qui revoltent leur estomac, & aprés l'avoir travaillé d'une maniere tres-fa-

tigante, en sortent par un vomissement difficile qui les pri-
ve de leurs effets. Cependant
ils retiennent utilement les
purgatifs pris en forme solide;
les autres ne sçauroient s'af-
sujettir qu'à la dissolution de
quelque sel l'axatif. Il y en a
qui souffrent les poudres & les
syrops. Quelques-uns preffe-
rent les bolus & les pillules.

Comme il faut donc s'accom-
moder au goust & à la delicatesse des malades pour réüssir
dans les veuës qu'on a de les
purger, il est important de va-
rier quelquefois dans les purgatifs, & d'en écrire dans le
chapitre suivant de differentes
manieres, dont ceux qui prendront les eaux de Bourbon auront le choix.

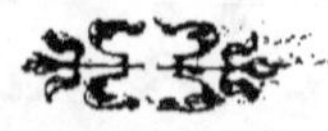

CHAPITRE V

Des manieres de preparer & de prendre les remedes purgatifs necessaires aux Eaux de Bourbon.

Quand la seignée & la purgation seront également indiquées dans les maladies où l'on veut opposer ces eaux, on commencera toûjours par la saignée, qui sera faitte dés le lendemain de l'arrivée des malades à Bourbon.

Le jour suivant on les purgera sans perdre de temps, aprés leur avoir ordonné selon les regles ordinaires un lavement raffraichissant & laxatif, & prescrit ensuite des manieres de purger choisies & appropriées sur tout à l'état des recremens des visceres, & des amas superflus, qui flottent dans les premieres voyes, & qu'on veut emporter par l'action de ces remedes pour rendre les effets des eaux plus seurs & plus heureux.

Car comme les eaux de Bourbon ont tout leur rapport au fond des maladies qu'elles combattent, & que les purgatifs pris au commencement & dans le cours de ces eaux ne conviennent qu'à leurs produits; il arrive que les unes font absolument curatives par la vertu qu'elles ont, d'enlever les sels morbifiques répandus dans plusieurs minieres; & que les autres ont seulement l'effet des remedes preparans, leur fonction n'estant pour lors destinées qu'à nettoyer les parties, & sur tout la basse region du corps des collections d'excremens, & des matieres fonduës précipitées dans ces lieux-là, où la pureté des eaux feroit fans doute ternie par le mauvais meflange de ces amas qui pourroient en empefcher la diftribution.

Ainfi le choix des differens purgatifs qui doivent entrer dans les remedes deftinez aux malades qui prendront ces eaux fera reglé fur l'eftat de ces recrements par rapport à leurs foulfres & à leurs fels. Car tout reduit à cela; ou que les collections croupiffantes dans les canaux des premieres voyes font aduftes & calcinées, chargées de foulfres fecs & brulés; ou meflées d'une huile graffe & fordide, & d'un nitre mercurial & fuligineux, qui les rend capables de fermenter, & fufceptibles de flagration; ou qu'elles font remplies de fels fixes, dont l'abondance & la

pesanteur leur donne beaucoup
de fixité, & d'adherence aux
conduits, où elles se trouvent
depofées; où qu'elles font inondées de ferofitez fuperfluës,
que les pointes refferrantes de
ces fels en expriment en les
coagulant.

Or ces differens cas deman-
dant de differentes manieres de
remedes purgatifs, on em-
ployera feulement ceux qui y
paroîtront les plus convenables, felon qu'on aura connu,
que les matieres qui doivent
eftre purgées participent à l'un
de ces eftats. C'eft pourquoy
quand les recremens difperfez
dans les conduits de la baffe
region du corps, feront fulphureux, & brûlez, & fufceptibles d'une prompte impref-
fion de feu, ce qui fera marqué
par le temperament du malade,
s'il eft bilieux & ardent, à cau-

se que dans ce cas la plûpart des
précipitations du tartre dans
les égousts des premieres voyes
sont adustes & calc nées; par le
tems de la maladie, si elle a eu
auparavant des simptomes causez par des effervescences de
sang, par des ferveurs d'entrai-
les, & mesmes par les flagrations sourdes de divers sucs,
qui auront rempli ces parties
d'une abondance de suye ; &
par la disposition des saisons,
quand c'est sur tout celle de
l'Automne precedée d'un ve-
hement Esté, qui a échauffé &
brûlé le sang, & donné lieu à
plusieurs amas de cendres preci-
pitées dans le bas ventre; alors
les matieres qu'on doit vuider,
& qui ont esté brisées par le feu
de la maladie, ayant un tissu
lâche & ouvert, qui peut estre
facilement ébranlé, & qui
heanmoins par une agitation

trop brusque pourroit entrer
dans une violente flagration,
ont besoin d'estre attaquées par
des remedes benins, qui detachent les tartres, faciles à estre
évacués, en les detrempant par
une abondante humectation.
Ainsi l'on prendra le parti des
purgatifs doux, temperez & ra-
fraîchissans, qui se donnent en
grand l'avage, & qui n'ont rien
en eux d'acre ni de fondant.

On aura donc recours à l'eau
des macerations de chicorée,
d'oseille, de pimprenelle, d'al-
leluya, de dent de lion, de
pourpier, de l'aittuë, & de
bourrache, prise le matin à jeun
en plusieurs verres dans l'intervalle de quelques heures,
aprés l'avoir renduë auparavant
purgative, en y infusant le sené mondé, la rheubarbe choi-
sie, les tamarins frais, le sel
polychreste cristalisé, le tartre

foluble, la caſſe recente . & y diſſolvant quelquefois, felon les indications & la manne bien pure, & l'infufion de l'un des quatre ſyrops purgatifs.

Mais s'il arrive, qu'avec les difpofitions precedentes l'eſto-mac fe trouve d'une comple-xion delicate, & fujet aux nau-fées, on évitera les potions qui font pour lors inutiles aux ma-lades par le vomiſſement qu'el-les provoquent, avant que d'y avoir répandu aucune impref-fion de leur teinture. En ce cas on fe tournera du coſté des pur-gatifs donnez en forme folide, qui fejournent dans l'eſtomac, qui y deployent leur force, & qui levent heureuſement les di-gues des glandes de la membra-ne interieure de ce viſcere, où eſt la fource de la plûpart de ſes maladies, & dont pluſieurs de ceux qui vont aux eaux de

Bourbon font travaillez. Ainfi l'on purgera benignement les malades avec un bolus compofé de catholicon double, de poudre de rheubarbe, de fel vegetal, de fel de tartre vitriolé, & de quelque grains de poudre électuaire de citro, qui le rendront plus actif & plus propre à faire fentir fon action à toutes les parties du bas ventre, pourveu qu'on l'accompagne d'une écullée de boüillon clair altéré de quelques herbes rafraîchiffantes.

Quand les matieres qu'on veut évacuer, ont leurs foulfres, ou deprimez, ou éteintes, & qu'elles fe trouvent en même tems chargées de fels ; ce qui eft affez indiqué, & par le temperament du malade qui eft atrabilaire, ou pituiteux, & par la maladie, dont la fource eft dans le fel fixe ; & par les

fimptosimptomes qu'elle a eu, & qu'elle a, où le soulfre n'ayant jamais joüé aucun rolle par quelque excés d'effervescence, de ferveur, & de flagration, on n'a remarqué que des fermentations salines & terrestres, & des irritations imprimées sur les parties nerveuses par les pointes des sels, & marquées par des rigueurs, des fourmillemens, des tremeurs, & des mouvemens spasmodiques ; elles sont ordinairement répanduës dans la basse region du corps, ou sous la forme de tartres fixes & glutineux, ou sous celle de sucs aigres & fluides. Ainsi l'on mettra à la teste de ces eaux, ou des purgatifs remplis de sels lexiviaux, qui dissolvent les humeurs coagulées & adherentes ; ou ceux qui sont amers & qui vuident les recremens salins, en corrigeant leurs aigres.

Dans le premier cas il n'est rien de plus specifiques, & qui purge avec plus d'effet que la confection hamech, la poudre de sené, le mercure doux, le sel d'abfynthe, & quelques grains de scamonée preparée meflée enfemble fous une forme folide de bonne confiftence donnez dans du pain à chanter, & dans une jufte dofe ; & fuivis d'une éculée de boüillon clair, char-gée d'une once de bonne man-ne.

Dans le fecond je ne trouve pas de remede plus propre, ni plus efficace que l'extrait d'a-loës tiré avec le fuc de violet-tes, meflé de l'extrait de rheu-barbe, & reduit en de tres-pe-tites pillules, lefquelles prifes, où le matin à jeun, ou en fe mettant à table, depuis un fcru-pule jufques à une dragme dans du pain à chanter, de la pomme cuitte, ou dans quelque confiture, donnent un effet seur & benin, en nettoyant l'eftomac & tous les vifceres du bas ventre des amas de faumure acide, & des fuperfluitez falines, qui font feparées du gros du fang, & qui produifent ordinairement presque toutes les maladies, dont la fource eft dans le fel fixe, & où les eaux de Bourbon conviennent.

Outre les collections des premieres voyes, qui indiquent l'ufage des purgatifs dans ceux qui prennent les eaux de Bourbon il fe trouve fouvent des embarras dans des parties plus reculées, où fe depofent des humeurs fixes, qui en fourniffent encore de particulieres indications, & aufquelles on doit avoir égard, fi l'on veut éprouver pour lors les heureux effets de ces eaux. Car enfin dans le grand nombre de malades qui viennent aux eaux de Bourbon, on en voit plusieurs qui sont impotens, ou qui gemissent sous d'autres infirmitez attachées au sisteme des nerfs : & comme le vice du sang qui y tient presque toûjours lieu de cause antecedente, fournit dans sa degeneration divers recremens, dont les uns se precipitent dans les premieres voyes, comme vers leurs égousts, & les autres prennent leur cours vers les parties nerveuses ; à cause qu'elles sont ordinairement relaschées dans les maladies qui les attaquent, & que par cette debilité elles sont tres-propres à recevoir les deposts ; il arrive que dans le tems que les premieres voyes se trouvent remplies d'amas tartareux, il regne dans le sisteme des nerfs, ou des flegmes fluides, ou des viscositez adhe-

rentes qui saliroient les eaux
répanduës dans ces lieux-là, &
on empescheroient la distribution, si cette region n'estoit auparavant purifiée, comme celle
des premieres voyes d'une partie des superfluitez morbifiques
qui y sejournent.

Ainsi dans toutes les maladies
ou le cerveau & les nerfs sont
principalement affectés on meslera aux remedes qui purgent la
premiere regió du corps ou ceux
qui par leurs parties volatiles,
dont ils se trouvent remplis, s'exaltent au cerveau & dans l'interieur des nerfs, & y rarefient
les humeurs fixes, qu'ils atte-
nüent, & dont ils font quelque
detachement; ou ceux qui par
leurs soulfres salins & irritans
ébranlent le sisteme des nerfs,
& donnent un vomissement moderé, à la faveur duquel quelque portion des levains de la

maladie cantonnés dans leurs interstices, peut-estre brisée, & sortir heureusement de sa miniere.

C'est pourquoy l'on joindra aux purgatifs que nous avons proposés, ou les trochisques d'agaric, le cartame, le turbit, & d'autres phlegmagogues appropriez; ou l'on y meslera l'eau-beniste de Rulland ou le tartre emetique qui procure un vomissement assez doux, & en vuidant les premieres voyes des sucs bruslés & visqueux qui s'y trouvent precipités, secouë le fisteme des nerfs, & dégage les parties, qui en reçoivent les ramifications, des serositez infiltrées, & des flegmes coagulés, ausquels les autres remedes ne touchent pas. Ainsi leurs conduits estant purifiés, & rendus permeables par l'operation de ce remede, les eaux y ont plus

d'ingrés, & coulent dans toute
leurs dépendances par un flus
feur & aifé.

Mais comme ces remedes font
puiffans & de confequence, &
que leur ufage doit eftre toûjours marqué par de confiderables indications, il faut qu'on
fe regle à cet égard par les fen-
timens des Medecins du lieu,
fans lefquels il feroit hazardeux
de s'en fervir.

CHAPITRE VI.

Des manieres de boire les Eaux de Bourbon.

QUand on a fait à Bourbon
les remedes generaux fe-
lon les regles ordinaires, &
qu'on s'eft par là preparé à l'u-
fage de ces eaux, on ne doit
pas differer un jour à les prendre, felon les manieres qui font
pratiquées fur les lieux, &

dont chacun eſt bien-toſt in-
ſtruit par les medecins qu'on y
conſulte. On boit à Bourbon,
on s'y baigne, on y prend la
douche.

Il y en a pluſieurs auſquels
la ſeule boiſſon ſuffit; & dans
ceux là les maladies ſont ſimples ou recentes, n'ayant rien
d'outré ni de difficile qui demande un plus grand ſecours.

On en voit beaucoup qui
y joignent le bain à la boiſſon.
Cela arrive preſque toûjours
dans les cas où il faut fondre
des amas de viſcoſités, effacer
l'intemperie aceteuſe de la
maſſe du ſang, & enlever des
minieres ſalines & irritantes
couchées ſur l'écorce de quelques nerfs. On a beſoin pour
lors de procurer une tranſpiration abondante pour donner
iſſuë aux matieres qui ſouffrent
une puiſſante reſolution d'ani-

mer la maſſe du ſang, ou le ſel fixe eſt ſuperieur aux autres principes ; & de ramolir les parties nerveuſes, où les fatigues des mouvemens ſpaſmodiques ont laiſſé quelque tenſion. Or le bain, ſoutenu de la force de la boiſſon, produit ordinairement tous ces effets.

Enfin il s'en trouve d'autres qui boivent qui prennent le bain & qui ſe font doucher en divers temps. On employe d'ordinaire ces trois ſecours dans les maladies inveterées, ou il y a des humeurs concretes, & des levains fixés ſur des membres particuliers. La boiſſon & les bains, qui precedent toûjours la douche, n'ayant ſouvent dans ces cas cy preſque pas touché au fond du mal, les malades regardent ce dernier remede, comme une excellente reſource qui reüſſit à leur

O v

souhait ; à cause qu'il déploye toute sa force sur les parties embarrassées, ou il attaque les fermens de la maladie dans ses retranchemens, & luy porte des coups heureux.

Le premier usage qu'on fait donc de ces eaux est celuy de la boisson. Ceux qui les prennent, quelque differentes que soient les maladies dont ils sont affligés, commencent toûjours par boire. Ceux qui boivent, ou sur la source ou dans les maisons. Les impotens & les personnes les plus distinguées, prennent ordinairement les eaux dans leur chambre. Ils les y boivent presque aussi chaudes que sur la source, à cause que des hommes que l'on paye & qui les puisent en diligence, ont soin de les y porter à grands pas, dans de grandes couches couvertes d'un linge double.

Les autres prennent les eaux
tous les matins prés des puits.

Ces deux maniere de prendre
les eaux peuvent avoir leurs a-
vantages & leurs inconveniens.
Quand on les boit fur la fource
dés qu'on les a puifées, elles
paffent dans les corps fans avoir
rien perdu. Elles y portent tou-
leur chaleurs, & toute leur
force, & les beuveurs y trouvent par là de confiderables u-
tilités. Mais quand la faifon fe
trouve pluvieufe ; quand l'air
y eft froid & humide, qu'il eft
couvert de broüillards, & que
les jours n'y font pas bien fe-
reins ; ils le payent affés par les
dommages qui leurs arrivent
du côté de l'habitude du corps,
laquelle n'eft pas pour lors fuf-
fifamment permeable , pour
donner une abondante tranfpiration ; ce qui neanmoins eft

une des chofes qui doivent le
moins manquer à ceux qui
prennent les eaux de Bourbon.

Quand on les boit dans la
chambre, elles ont peut-eftre
quelque chofe de moins, que
ce qu'elles peuvent avoir fur
la fource. Mais ce déchet ne
tire pas fort à confequence: il
doit eftre d'une tres-petite attention à ceux qui font logés
fur la place des Capucins, ou
dans les maifons qui ne font
pas trop éloignées des puits.
Ceux mefmes qui fe tiennent
dans les quartiers plus reculés
fe trouvent utilement dedom-
magés de cette perte, par l'a-
vantage de la tranfpiration qui
eft fort eifée & fort abondante
par la difpofition de l'air environnant, lequel eft dans la
chambre plus pur & moins
froid que celuy du dehors ;
épaiffy quelquefois par les

Broüillards & par les pluyes.

Ceux qui boivent sur la source, ou dans les maisons, prennent toûjours de l'eau tirée du gros puit : les autres puits sont inutiles pour la boisson, car on ne s'en sert pas ; & tous ceux qui veulent boire ont ordinairement recours au puits du milieu, Cependant cette préference n'est fondée sur aucune bonne raison : puisque les eaux des trois grands puits sont les mesmes eaux, à cause qu'elles n'ont qu'une mesme source, & qu'elles se répandent d'un puits à l'autre par les ouvertures qui sont faites au dedans du plus gros puits.

Les beuveurs s'assemblent le matin dés les six ou sept heures autour des puits, où ils boivent jusques a neuf ou dix heures. Ceux qui prennent les eaux dans la maison, commen-

cent à boire vers les sept heures, & finissent à neuf heures
ou environ.

On boit ordinairement de
ces eaux depuis dix jusqu'à
quinze verres par jour. Chaque
verre contient un demy-sep-
tier. Il s'en trouve qui vont
jusques à dix-huit ou vingt
verres ; mais ceux qui poussent
ces eaux jusques au plus grand
excés, n'en éprouvent pas souvent de meilleurs effets. Comme elles portent à la vessie, leur
torrent pourroit la presser, &
traisner par là de fascheuses
suites. Il vaut donc mieux en
faire un usage plus moderé, en
n'en prenant pas tant à la fois,
& en boire plus long-temps.

Quand on boit les eaux on
doit se promener dans la chambre, ou dans un lieu aisé, afin
qu'un doux exercice leur procure une facile distribution :

prenant bien garde que l'endroit, où l'on est, ne soit battu d'aucun vent; à cause que l'habitude du corps devient pour lors vaporeuse; que la transpiration est dans ce tems-là plus forte, & plus abondante; & que l'air environnant doit estre fort temperé.

On prend ces eaux durant quinze jours, trois semaines, un mois, & plus long-temps mesme, si la maladie qu'on veut guerir en demande un plus long usage.

CHAPITRE VII.

Des manieres de prendre les bains à Bourbon.

ON prend les bains à Bourbon, quand les eaux que l'on boit n'ont pas la force de guerir la maladie par le seul secours de la boisson.

Cela arrive ordinairement dans les maladies avancées & difficiles, dont les levains fixes, qui ont porté déja plusieurs coups sur les parties nerveuses, & qui y ont laissé mesme quelques impressions de debilité, doivent estre puissamment fondus : la boisson est pour lors renforcée par les bains, pour procurer par ce moyen & une plus abondante transpiration, & plus d'affermissement aux parties qui ont souffert ces fatigues.

Dans ce cas, aprés qu'on a beu les eaux pendant huit ou dix jours de suite, on se repurge avec un remede approprié à la maladie, qu'on veut guerir ; & aprés on commence à prendre les bains, sans surseoir l'usage de la boisson, qu'on continuë sous les regles ordinaires.

On prend à Bourbon ou le bain domestique, ou les bains publics. Le bain domestique est un bain doux, dont l'effet est moderé. Les bains publics sont plus brusque & plus fondans, & l'action en est plus puissante.

C'est pour cela que ceux qui se baignent, ou pour faire seulement une simple fonte ; ou pour faciliter l'insensible transpiration, ou pour fortifier quelque membres dans une legere impression de foiblesse, ont recours aux bains preparez dans la maison.

Mais ceux qui sont impotens, qui ont des membres frappez de paralysie, ou qui sont pris par des concretions fortes, répanduës dans les articulations ou dans quelques autres parties, & qui ont besoin d'une plus grande fonte, vont se baigner dans les bains publics.

Le bain domestique est preparé par des hommes qui en
ont soin si c'est pour un homme. Si c'est pour le sexe, il est
preparé par des femmes fort
propres & fort adroites.

On porte dans la chambre une
baignoire commode & de raisonnable grandeur : on la place
dans le lieu le plus proche du
lit, & le moins exposé aux portes & aux fenestres : on la remplit de plusieurs seaux d'eau
boüillante, qu'on tire de l'un
des puits, & qu'on laisse venir
à une chaleur temperée, selon
qu'il est ordonné par les Medecins du lieu.

Les malades prennent le bain
ainsi preparé, ou le matin ou le
soir : on le prend le matin à jeun
quelque heure avant la nourriture : on le prend le soir dans
l'entre-deux des repas, & dans
un tems éloigné du moins de

trois heures des alimens.

Ils y demeurent environ une heure, quand le bain est fort temperé, & l'on a soin durant ce tems-là de ne les perdre jamais de veuë, de peur qu'une vapeur survenuë, & suivie d'une foiblesse d'estomac, d'un mal de cœur, ou d'un évanoüissement, n'attirât un malheur pareil à celuy qu'on vit arriver à Bourbon à une Religieuse, qui se noya en prenant le bain de la chambre, dans le tems qu'une Sœur Converse qui la servoit, fut à la fenestre pour demander du secours ; aprés avoir remarqué que la Dame commençoit à sentir quelque foiblesse dans son bain.

On doit prendre garde, que les malades qui se baignent ayent le coû dans l'eau, ou qu'ils le garantissent de l'insulte du vent, ou d'un air trop froid : car on a veu ceux qui negligeoient cette precaution surpris quelquefois d'embarras de gosier, & de tumeurs perilleuses causées dans ce lieu-là par un abord d'humeurs abondantes, fonduës puissamment par les bains, & n'ayant pas une libre circulation dans les parties gutturales, resserrez par les impressions d'un air froid, où elles causoient souvent de terribles inflammations.

Il faut qu'on sorte du bain avec beaucoup de precaution : car le corps se trouve pour lors extrêmement échauffé : les humeurs y sont violemment agitées : les pores extraordinairement ouverts ; & les petits filets des vaisseaux qui aboutissent aux glandes subcutanées, ont leurs issuës fort dilatées. C'est pourquoy l'impression d'un air froid y seroit dans cet estat tres dangereuse. Il laisseroit à coup seur de l'alteration sur l'habitude du corps ainsi disposée, qui passeroit mesme jusques à la masse du sang. En effet, le nitre de l'air environnant, poussé par un vent froid sur quelque partie nuë, introduit au dedans des sels frigorifiques, qui ayant resserré les ouvertures du dehors par une astriction imprimée aux pores de la peau, aux aboutissemens des petits vaisseaux, & aux conduits insensibles des glandes subcutanées, portent dans l'intereur leur activité, en y fondant & coagulant les humeurs qui sont en rerefaction : & qui fait naistre des rheumes de poitrine ; & quelquefois mesme des rheumatismes, qui traversent pour lors le cours des eaux, & en rendent là saison inutile.

On se met d'abord au lit entre des draps bien secs, ou l'on suë abondamment & d'où l'on ne sort que quand le corps est entré dans un estat tempe-ré. Car alors toutes les matie-res fonduës par le bain, & pous-fées, sur la circonference, sont sorties ou par de grandes sueurs qu'on vient d'essuyer, ou par une abondante transpiration, qui donnoit de fortes moiteurs.

Le bain domestique qu'on prend une fois le jours, se don-ne aux malades durant plu-sieurs jours de suite. Les uns le prennent pendant sept ou huits jours, & d'autres le pous-fent plus loin selon que les Me-decins de Bourbon l'ordon-nent.

Les bains publics demandent de grandes précautions : on ne les prend pas si commodement que les domestiques : mais ceux qui les donnent font fi adroits, & fi faits à cet employ, qu'ils les rendent moins dangereux, que ceux de la chambre du cofté des fautes qu'on y peut faire & qu'on évite foigneufe- ment.

On y porte en chaife les malades, fourrez dans une robbe de chambre. Dés qu'on eft en- tré dans le 'pain, on n'y rifque rien du cofté de l'air, à caufe qu'il eft meflé des vapeurs foul- freufes, qui exhalent de l'eau du bain, & qui le rendent chaud. C'eft pour cela que la fonte y eft plus prompte & plus puiffante, que dans le bain do- meftique : car outre que l'eau des bains publics a plus de for- ce & de chaleur, & qu'elle a- git d'une maniere plus foudai- ne & plus vehemente, que cel- le qui eft mife dans une bai- gnoire pour fervir au bain qu'on donne dans la chambre, c'est que l'air des bains publics beaucoup plus chaud que celuy qu'on respire dans la maison, & empreint mesme d'une abondance de nitre volatil, y excite une plus grande fonte. Ainsi le sejour qu'on doit faire dans ces bains là est plus court que celuy qu'on fait dans le bain domestique ; à moins que les malades fort robustes & fort patiens n'ayent des infirmitez outrées, qui en demandent un usage aussi long.

Le nombre des bains ne peut bien se fixer ici : on le regle sur l'estat de la maladie, sur les forces des malades, & sur la disposition du temperament. Un mal envieilly, & d'un caractere fort difficile, demande un plus long usage des bains. Les malades qui sont robustes & d'une bonne constitution y
resistent

resistent plus long-tems que
ceux qui sont flouets, & delicats; & qui languissent sous
l'accablement de toutes les parties de leur corps.

Les pituiteux, & les flegmatiques, les peuvent pousser plus
loin, que ceux qui sont bilieux,
d'un temperament ardent, &
dont les humeurs brûlées prennent feu facilement. Ainsi dans
toutes ces occasions on doit
consulter les Medecins du
lieu, qui en prescriront la regle, selon leur prudence ordinaire.

CHAPITRE VIII.

Des manieres de prendre la Dou-
che à Bourbon.

COmme dans le cours des
eaux de Bourbon, la boif-
son marche toûjours devant les

bains, les bains aussi y precedent toûjours la Douche. Cet
ordre est methodiquement établi. La boisson commence à lever le ventre inferieur, & à degager les premieres voyes des
matieres les plus flottantes, &
des recremens les plus fluides,
qui s'y trouvent répandus. Les
bains ensuite y resolvent les
tartres fixes, & animent la rarefaction du sang, que ces eaux
prises par la boisson, y ont imprimée, ils en fondent la masse,
ils l'agitent, & luy donnent un
mouvement plus actif, qui la
fait transpirer d'une maniere
fort libre, & fort abondante.
Ainsi la basse region du corps
estant debarassée par là des matieres differentes qui la salissent; & les vaisseaux du sang
se trouvant en même tems purifiés par une forte transpiration
qui en a dissipé les impuretés

par les voyes insensibles ; il semble, que ces deux remedes ont utilement attaqué la cause antecedente du mal, attachée ou aux minieres du ventre inferieur, ou à la degeneration du sang. c'est pourquoy l'on travaille enfin par le moyen de la douche à faire perir la cause conjointe, qui est ordinairement une concretion retranchée dans quelque membre particulier, dont ce remede penetre l'interieur par une force également prompte & vive, qui enleve souvent tous les embarras.

La douche à toûjours lieu dans les maladies où il y a un vice local, fixé sur les membranes des muscles, ou répandu dans les dépendances des nerfs. Ainsi la plûpart des malades qui se font doucher sont affligez ou de la sciatique, ou de la Goute, ou de la paralysie, ou de la tremeur de quelque membre particulier.

Comme ce remede est de resource & de consequence, & qu'il fait coup pour la guerison; il faut le prendre avec beaucoup de circonspection, & sous des regles bien justes. C'est pour cela qu'on doit estre fort attentif à tout ce qui peut avoir rapport au tems qui precede, qui accompagne, & qui suit la douche; c'est-à-dire qu'on doit exactement refléchir sur ce qu'il faut faire avant que de l'ordonner, sur ce qu'il est necessaire d'observer lorsqu'on la donne & sur ce qu'on doit enfin pratiquer lorsqu'on l'a cessée.

On examinera d'abord si les indications de la Douche sont completes du costé de la maladie; ce qui sera sans doute si elle est de la nature de celles qu'on appelle froides; & qui ent leur cause dans un sel premierement fluide, ensuite devenu fixe par sa congelation & enfin multiplié en plusieurs concretions fort denuées de soulfre, difficiles à prendre feu, & propres à se mettre en fusion, par l'ardeur vehemente que la cheute de l'eau excite sur la partie qui paroist pour lors extrémement rouge & comme enflammée.

Outre cela l'on doit voir si le malade qui veut prendre la douche est d'un temperamment opposé à celuy qui est trop ardent, ou le sang chargé de sels sulphurés & d'esprits nitreux ; devient susceptible d'une tres-prompte flagration. Ainsi les constitutions pituiteuses & flegmatiques, où regnent les eaux surabondantes, & où les soulfres sont deprimés, seront preferées aux autres ; bien que

les melancholiques , les fanguins , & les autres bilieux
mefme puiffent eftre douchés
dans quelques maladies, pourveu que le fang n'y foit agité
d'aucune émotion febrile; &
que les vifceres du bas ventre
n'y fouffrent aucun excés de
chaleur ni aucune intemperie
trop ardente.

On aura foin encore d'ob-
ferver fi le malade qu'on veut
doucher n'a ni impureté ni plethore. Si les eaux prifes par la
boiffon ne l'avoient pas fuffi-
famment purgé. Si les bains n'a-
voient pas affez degagé les veines par une abondante tranfpiration. S'il s'eftoit fervi dans
le cours des eaux d'une nourriture trop forte, qui eût fait
des amas, & dans les premieres voyes, & dans les vaiffeaux
du fang ; il ne faudroit pas balancer à purifier les uns , & à

defemplir les autres par la purgation & par la faignée. Autrement, ou la douche fondroit
ces recremens qui fermente-
roient, en fe répandant, & feroient du ravage : où elle ex-
citeroit du trouble dans les
vaiffeaux fanguins, où les a-
gitations imprimées dans des
humeurs furabondantes porteroient peut-eftre l'orage fur
quelques parties interieures,
dont l'embarras & l'inflammation feroient extrêmement à
craindre par les fuites perni-
cieufes que le malade pourroit
en éprouver.

Enfin on prendra garde que
le malade ait l'eftomac vuide
d'alimens, quand il prend la
Douche, où qu'il ne fe faffe
Doucher que dans un tems affez éloigné des repas ; en forte que la digeftion foit pour
lors fort avancée : car la Dou-

che eſt un remede aſſiſſant , &
en quelque façon douloureux,
qui imprime des mouvemens
extraordinaires , & aux eſprits
& aux ſens. Ainſi l'on auroit
quelque ſujet d'apprehender ,
que la matiere la plus ſubtile
du ſang, élevée dans le cerveau
à la qualité d'eſprit animal ,
& coulant enſuite dans l'eſtomac par les canaux des nerfs,
pour y eſtre exaltée à la dignité
de ferment , ne fut divertie de
ce mouvement , ſi-neceſſaire au
ſoûtien des forces , par une a-
gitation violente & confuſe qui
determineroit ſon cours ailleurs , & le rendant irregulier
& tumultueux , répandroit un
vice ſur la premiere coction ,
dont le defaut feroit ſans doute naiſtre des cruditez. C'eſt
pourquoy le tems de doucher
les malades à Bourbon , doit
eſtre ou celuy du matin , qui

precede de long-tems le difner,
ou celuy d'après midy , qui eſt
dans l'entre-deux des repas ,
& qui s'étend depuis les deux
juſques à cinq heures. Le matin eſt meilleur que l'apreſdiſ-
née , à cauſe qu'il fait pour lors
moins de chaud, & que les malades qui ſe ſont chauffez dans
la Douche ſont plûtoſt rafraiſ-
chis dans ce tems-là.

Quand on donne la Douche,
il faut exactement choiſir les
parties ſur leſquelles on doit
en faire l'application, & faire
l'effuſion de l'eau directement
ſur celles où l'on demeſlera la
ſource de l'embarras , où l'on
trouvera de la foibleſſe , & où
il y aura des impreſſions d'infirmité. Mais en toutes ſortes
de cas, on en exceptera la poitrine, le bas ventre, & la teſte:
craignant que la violence de ce
remede, n'allumât dans ces en-

droits, remplis de visceres, &
arrosez sans cesse de sang boüillant, une ferveur excessive, qui
pourroit degenerer en inflammation : ce qui seroit d'une suite redoutable. Il s'en est vû
quelques-uns affligez de migraines inveterées qui ont porté les choses au point de se faire doucher la teste, pour fondre par là ce qu'ils avoient de
concret dans les membranes
du cerveau. Mais cette voye est
trop hazardeuse. On pourroit
non-seulement imprimer par
l'ardeur de ce remede de la
flagration au sang vif & arte-
rial qui s'y exalte sans cesse avec
tant d'impetuosité & d'abondance, mais encore resoudre
foudainement les mucositez
deposées dans les glandes du
cerveau, dont le flus rapide &
violent inonderoit peut-estre
le sisteme des nerfs, ou coule-

roit avec fracas sur quelque partie noble.

Il y en a qui prennent ladou-
che sur la teste en la couvrant
d'une éponge, qui reçoit la premiere effusion de l'eau : mais
je croy que cette maniere de
remede est infructueuse si elle
n'est pas nuisible : sa force a-
mortie, & presque perduë dans
les vuides de l'éponge, ne peut
porter dans la teste aucun coup
agissant sur les fortes concretions, qui y sont couchées. Elle auroit peut-estre bien assez
d'insinuation, & de vertu pour
y fondre des humeurs douces,
qui par une espece de consistence fixe s'y trouvent de quelque
usage, en y facilitant des fonctions, qui sont du ressort
naturel ; & par là ce remede
peut causer moins d'utilité que
de dommage, à moins qu'il ne
fut appliqué sur des testes ex-

trê mement froides, & remplies de flegme qui resistent mieux pour lors aux insultes du chaud exterieur.

Il faut encore bien observer, que l'eau dont on se sert pour la douche, soit temperée d'une maniere bien juste, en conservant toûjours le mesme degré de chaleur. C'est en cecy sur tout que consiste le principal merite de la Douche; qu'il y faut beaucoup d'attention du costé des doucheurs, & que le malade ne doit presque jamais la prendre, qu'elle ne soit reglée par quelqu'un des Medecins du lieu. En effet, la douche de Bourbon estant artificielle, il arrive souvent, qu'on y fait de grandes fautes, par presque autant de variations en degrez de chaleur, qu'on prend de seaux d'eau pour les employer aux Douches. Le

premier feau , par exemple ,
qu'on verfe , fera temperé ,
comme il doit l'eftre : il fe
trouvera proportionné par fa
chaleur à l'eftat fixe de l'humeur qu'on veut fondre. Par
là on l'attaquera d'abord avec
avantage : les pores de la partie commenceront à s'ouvrir, &
la matiere coagulée recevra une
premiere atteinte , qui y pourroit introduire à la faveur de
ce remede , menagé avec cette
juftelle une parfaite refolu-
tion. Mais quelquefois le fecond feau d'eau gafte tout : ou
il eft moins chaud que le premier , & par là il agit avec plus
de lenteur ; l'ouvrage commen-
cé ne fe foûtient plus ; les voyes
ouvertes qui pouvoient condui-
re à la guerifon fe referment,
& tout y change foudainement
de face ; ou il eft trop boüillant, & il brufque precipitam-

ment la partie : il y produit un effet anticipé : il premature ce qui ne doit venir que peu à peu, & par degrez : enfin tout échouë par cette vehemence ; & la violence de ce remede y fait avorter les premiers desseins.

On voit donc par là la delicatesse de ce remede dans son application. Comme c'est sa justesse qui fait fructifier ses vertus en produisant tous les effets excellens que les malades en éprouvent, il faut que ceux qui prennent la Douche, le fassent autant qu'ils pourront en presence d'un Medecin pour la regler.

Il est encore fort important, d'estre juste autant qu'il sera possible à fixer le temps de la douche. Il est vray qu'on ne peut pas bien le determiner, ni le prescrire d'une maniere qui soit toûjours suivie. Les

malades ne font pas là-deffus
également dociles. S'ils font
dans la volonté de s'y foumettre
tout le temps que l'on veut,
quand on la leur confeille, ils
changent fouvent de fentiment
dés qu'ils en éprouvent la violence. Ils font inquiets, impa-
tiens, ils fe plaignent, ils
prient qu'on abrege le temps,
il faut la difcontinuer. Les uns
languiffent fous des infirmitez
outrées, qui en demandent un
ufage plus long : d'autres font
travaillez de maladies naiffan-
tes & fuperficielles ; qui cedent
à fa premiere impreffion. Quelques-uns ont le mal dans un
endroit limité, où l'on porte
tout le remede, & pour lors
le temps de fon application
y eft affez court. D'autres ont
prefque toutes les parties de
leur corps, ou paralyfées ou
fletries fous une extreme dé-

bilité; & ces sortes de maladies doivent estre douchés
plus long-temps , à cause
que la plufpart des mem-
bres y ont befoin de l'effufion
de l'eau, & qu'il leur faut donner une plus longue douche.
Enfin il y en a qui la fouffrent
un bon quart d'heure, il s'en
trouve qui n'y refiftent pas
tant. Il y en a d'autres d'une
conftitution robufte qui là
pouffent plus loin.

Dés qu'on fort de la Dou-
che on s'envelope d'un drap
bien fec, on fe fourre dans une
robbe de chambre; puis l'on
fe met en chaife pour fe faire
porter chez foy , & fe mettre
d'abord dans un lit bien chaud,
afin d'y fuer, & d'y tranfpirer
fous les mefmes precautions,
que l'on prend ordinairement
aprés les bains.

Le nombre des Douches que

l'on donne aux malades eſt aſſez indeterminé : il ſe regle &
par la nature de la maladie
qu'on veut combattre, & par
l'eſtat du malade qui ſe fait
Doucher, & par les inconveniens qui peuvent arriver dans
le cours de la Douche. Ainſi
l'on doit ſe rapporter là-deſſus
au ſentiment des Medecins du
lieu qui fixeront le tems de ce
remede ſelon ſa juſte meſure.

CHAPITRE IX.

*Du regime de vie qu'on doit gar-
der pendant qu'on prend les
eaux de Bourbon.*

PEndant le cours des eaux
de Bourbon, on doit s'at-
tacher principalement à trois
choſes : à tenir les premieres
voyes nettes : à conſerver dans
le ſang la juſteſſe de ſon mou-

vement naturel : & à faire en
sorte que l'habitude du corps
soit toûjours ouverte. Cela demande un regime de vie exact
du costé de la nourriture, des
passions de l'ame, & de la tranfpiration. Le vice des alimens
se répand sur la digestion & sa-
lit toutes les parties qui sont
des dépendances du ventre inferieur. Les passions sont comme des vents impetueux, qui
portent l'orage dans les canaux
du sang, & dereglent son cours
en plusieurs manieres. L'habitude du corps est tellement ex-
posée à l'impression des choses
exterieures, & sur tout de l'air
environnant, que pour peu
qu'on se neglige à cet égard;
elle s'altere facilement en ces-
sant de transpirer : il faut donc
assortir l'usage de ses eaux d'u-
ne nourriture reglée ; de la
tranquillité de l'esprit, & de

l'abondance de la tranfpiration.

Les malades ayant beu les eaux le matin à jeun, ne mangeront que trois heures aprés les avoir prifes. Aprés les bains & la douche, on ne met pas fi l'on veut un fi long efpace de tems, & deux heures peuvent fuffire, à moins que le fang fort agité, & les pores de la peau extraordinairement ouverts, ne donnent une fueur abondante, qui demande plus d'intervalle. En ce cas on furfeoiroit toute nourriture, jufqu'à ce que le corps fut remis dans un eftat temperé ; & pour lors les malades peuvent manger à leur ordinaire.

Ils ne feront que deux repas par jour, en mangeant raifonnablement chaque fois, & évitant toûjours les excés de bouche & dans la quantité des viandes & dans leur qualité. Si l'on mange trop, on fait des amas, & l'on remplit les parties diges- tives de germes de crudité, qui y donnent de méchans fruits, non seulement en traversant l'action des eaux, qui veu'ent des voyes libres : mais encore en multipliant le produit du mal qu'on combat, & qui par un surcroist de force, qui luy vient du côté de ces collections, est superieur quelquefois à la vertu de ces eaux, qui y de- viennent pour lors inutiles.

La qualité des viandes fait tellement coup dans l'usage des eaux de Bourbon, que les fau- tes qu'on peut faire à cet égard, ne sont jamais petites. Les chairs fraisches & temperées, comme les jeunes volailles, les chappons, les perdrix, le veau, le mouton, seront celles qu'on servira ordinairement à la ta- ble.

On s'y abstiendra de ragoûts, de fritures, de chairs salées, de fromages, & de viandes maigres, aussi-bien que de salades, & de fruits cruds : ceux-là peuvent aigrir & échauffer le sang, qu'on doit tenir autant que l'on peut dans une temperature bien juste : ceux-cy sont absolument contraires à l'operation de ces eaux ; non-seulement par leur aigreur, qui se contracte facilement dans l'usage des eaux chaudes, & qui se répand dans le sang ; mais encore par une qualité boüillante & fermentative, qui a quelques chose de laxatif, en vuidant par les selles, que les eaux qui passent par cette voye là rendent assez abondantes, & en ouvrant mesme le ventre d'une maniere trop brusque, qui deviendroit peut-estre pressante & pourroit donner pour lors ou la diarrhée, ou la dyssenterie.

L'esprit doit estre durant le cours de ces eaux dans une assiette fort calme, afin que le sang conserve par cet endroit l'uniformité de son mouvement, qui est une des choses les plus necessaires à l'action des eaux de Bourbon, & aux heureux effets qu'on en attend.

Car enfin le sang est de luy mesme une liqueur rampante qui croupiroit dans l'inaction, n'ayant absolument aucun flus à la maniere d'un lac, qu'aucun vent n'agite, s'il n'estoit emeu & animé à une rarefaction vitale, par les effusions des esprits qui sont la source de ses fermentations; & le principe de son mouvement circulaire. Ainsi quand cette influence agissante s'y répand par un flus reglé; le sang qui en reçoit l'impression coule dans ses canaux d'une ma-

niere calme & tranquille ; &
tous les sucs differens qui entrent dans la composition de sa
masse; ont une espece d'agitation moderée, où le cours est
égal, & l'effervescence uniforme: mais quand les esprits tour-
billonnent, comme des vents
trop rapides; quand ils s'agitent
par des impetuositez dereglées,
que leurs coups deviennent
violens & tumultueux, & qu'ils
ne vont du centre aux extrêmi-
tez, que par un flus irregulier
& desordonné ; alors le sang
participe à tous ces desordres :
il est meu & poussé au gré des
esprits irritez : le mouvement
y est rapide : le cours s'y trouve orageux , & les liqueurs ne
circulent plus que dans l'émotion & dans le trouble.

On voit par là la necessité
d'éviter les mouvemens des
passions dans l'usage des eaux

de Bourbon, la colere, la trif-
teffe, les douleurs, les chagrins,
les fortes applications, irritent
ou abbatent l'efprit, luy donnent des mouvemens ou trop
ralentis, & oftent beaucoup de
la juftefle de la circulation des
liqueurs, en la rendant ou trop
impetueufe ou trop retardée:
ce qui change la confiftence du
fang, & vicie fouvent fa mafle.

Les plaifirs, les converfa-
tions agreables, les jeux qui
plaifent, le fon des inftrumens
les belles voix, les fpectacles
où l'on fe recrée, mettent ou
entretiennent les efprits dans
un flus doux & reglé, qui conferve l'uniformité du mouvement du fang, & l'harmonie
de fes differens fucs. Ceux donc
qui prendront ces eaux auront
foin d'éviter les fortes paffions
de l'ame, ne mettant jamais
leur efprit que dans des fitua-
tions

tions tranquilles. Ceux qui prennent l'autre parti, & qui s'abandonnent aux peines & aux chagrins, trouvent beaucoup de dechet dans les eaux Bourbon.

L'on a déja fait voir plusieurs fois que ces eaux estoient si fondantes, & la transpiration si necessaire à l'excellence de leurs effets, que ceux qui les prennent doivent faire de leurs mieux, pour en entretenir le cours libre, en évitant soigneusement toutes les choses qui pourroient le traverser.

Ainsi les beuveurs choisiront un air temperé, penchant un peu vers le chaud, ils auront soin qu'il y ait du feu dans leur chambre pour corriger l'intemperie de l'air, s'il estoit alteré ou par les pluyes ou par un vent trop froid.

Ils feront des exercices moderez, en se promenant dou-cement dans des jardins ou dans des lieux agreables & aisés, a-fin qu'à la faveur d'un mouve-ment reglé, le corps transpire mieux.

Ils seront exacts à se peigner le matin, & plus longtemps qu'à l'ordinaire, à cause que les pores de la reste doivent estre plus ouverts que ceux des au-tres parties ; & que la transpi-ration y doit estre plus abon-dante, les flatuositées élevées par ces eaux fondantes pren-nent ordinairement leur cours vers cet endroit.

Ils éviteront les brouillards, les grands vents, l'air trop froid ils seront raisonnablement cou-verts, sur tout dans la saison de l'Automne, qui est ordinaire-ment dereglée par les inega-lités du chaud & du froid.

Le sommeil qui a ici du rap-port à la transpiration, est si

suspect & si nuisible, les jours que l'on prend les eaux, qu'on ne peut pas assez recommander de s'en abstenir. Nous parlons de celuy de l'apresdinée : outre qu'il appesantit la teste, & qu'il la remplit de vapeurs, il engourdit pour un tems l'habitude du corps, & luy retranche quelque chose de la transpiration. Le sang mesme qui n'est pas inondé pour lors d'une effusion de tant d'esprits, ne fournit pas comme dans les veilles à cette évacuation insensible, si importante & si necessaire à ceux qui prennent ces eaux. C'est de là qu'on a veu des beuveurs, aprés un excés de sommeil, surpris de soudaines apoplexies; & j'ay veu a Bourbon une Religieuse, qui ayant dormi un quart-d'heure, dés la sortie de table, dans le tems qu'elle beuvoit les eaux,

Q ij

eut à son reveil la veuë toute trouble, les objets les plus colorez, & les plus vifs, luy paroissant pâles & mourans.

CHAPITRE X.

Des inconveniens qui peuvent arriver à ceux qui prennent les Eaux de Bourbon, & des remedes qu'on doit faire dans le tems qu'on les prend, & aprés les avoir prises.

COmme les eaux de Bourbon portent quelquefois à la vessie dans la boisson, à la poitrine dans les bains, & à la teste dans la Douche, on doit estre attentif, quand on les prend, à l'estat de ces trois parties, en observant si quelque accident les attaque.

Si les beuveurs estoient surpris d'une suppression d'urine,

ou travaillez de quelque douleur, qui se fit sentir d'une maniere fixe vers la region de la
veſſie ; il faudroit ou ſurſeoir
l'uſage de la boiſſon, ou retrancher beaucoup de la baſe des
eaux : autrement il arriveroit,
qu'elles dépoſeroient plus de
ſeroſitez dans la veſſie, qu'elles n'auroient la force d'en
pouſſer dehors : ce qui affoibli-
roit extrêmement ſon expreſ-
ſion ; ou bien la plenitude perpetuelle, où elle ſe trouveroit,
en prenant plus d'eau qu'elle
n'en pourroit vuider, la tien-
droit dans une continuelle tenſion, qui luy oſtant la faculté
de ſe plier, la rendroit à la fin
comme indolente & paralyſée :
ce qui traiſneroit d'abord une
entiere ſuppreſſion d'urine &
enſuite l'inflammation.

Si ceux que l'on baigne, touſ-
ſent extrêmement dans le bain,

ou si aprés s'estre baignez, ils souffrent une oppression de poi-trine, il ne faut pas balancer à croire, ou que le bain est trop fort, ou qu'on le prend trop long-tems : ce qui donne une fonte trop puissante, qui porte dans les poulmons. Ainsi on aura soin, ou de le retrancher tout-à-fait, pour tranquilliser les orages de la poitrine : ou de le rendre plus temperé, & moins long ; de peur qu'une fusion trop forte ne distendit les glandes des poulmons ; & que l'humeur ne passât enfin par son abondance dans ses ve-sicules orbiculaires, ce qui y feroit naistre des embarras dif-ficiles à surmonter.

Si ceux qui prennent la Dou-che sont travaillez de violentes douleurs de teste; s'ils souffrent de frequens éblouïssemens de veuë, des bourdonnemens d'o-.

reïlles, & des mouvemens ver-
tigineux, dont les esprits animaux soient agitez ; cela marque, que le remede pousse trop
les humeurs: qu'il les fond avec
une agitation trop brusque, &
qu'il donne precipitamment à
la teste. Ainsi l'on previendra
le desordre dont on est pour
lors menacé, ou en s'abstenant
à l'avenir de la Douche ; ou la
suspendant pour un tems ; ou
la prenant dans la suite d'une
maniere plus courte & plus a-
doucie.

Outre cela, il arrive journellement à Bourbon, que ceux
qui prennent les eaux, s'en-
rhument. En ce cas, on doit
les quitter jusques à ce que
l'impetuosité du rhume soit moderée: car si l'on beuvoit dans
le cours du rhume, en conti-
nuant de prendre ces eaux dans
la mesme abondance, qu'on les

prenoit avant que de s'enrhu-
mer ; il se feroit une fonte trop
forte, & trop rapide, qui pre-
cipiteroit les matieres fonduës
sur la trachée artere, & surles
poulmons, ou celles qui sont
déja agitées, & qui font le rhume & la fluxion, ont commen-
cé à prendre leur cours.

On y voit encore les femmes
& les filles souvent surprises
des purgations lunaires , dans
le tems qu'elles boivent ces
eaux, mais cela ne traverse pas
la boisson. On peut en conti-
nuer l'usage dans le cours des
menstruës : à cause que ces
eaux animent le sang , & soû-
tiennent l'effervescence perio-
dique qui le pousse hors de ses
vaisseaux : & par là elles ne sont
capables dans cette occasion
que d'un bon effet. Mais on
n'aura garde de leur conseiller
dans ce tems-là le bain ni la

douche : s'il arrivoit mesme, que les flus lunaires paruſſent dans le cours de ces deux remedes ; il faudroit les ſurſeoir : de peur qu'une trop grande agitation de ſang, imprimée pour lors à ſa maſſe toute émeuë, & toute boüillante, n'eut des ſuites peut-eſtre plus facheuſes que celles qu'on éprouve de la maladie, que l'on taſche de détruire.

Mais quand rien ne s'oppoſe à l'uſage des eaux de Bourbon priſes ſous les regles ordinaires ; on aura ſoin d'obſerver, ſi elles ſe diſtribuent, ſi elles paſſent facilement, & ſi elles fondent plus qu'elles ne vuident. En ces differens cas on aiguiſera ces eaux en les rendant plus purgatives, ou par le tartre ſoluble appellé ſel vegetal, ou par le ſel polychreſte infuſez dans un grand verre de ces eaux,

qui aura une penetration extraordinaire par l'action de ces
fels ; & foüettera toutes les
matieres croupiſſantes, ſur leſquelles ces eaux ſeules ne feroient que paſſer, ſans les en-
traîner dans leurs égoufts.

Ceux meſmes, où l'on trouvera des collections abondantes
de recremens, auront recours
a des purgatifs plus forts, comme la teinture de ſené, char-
gée d'une diſſolution de man-
ne; l'eau de caſſe polychreſtée;
les pillules angeliques, une
poudre hydragogue; quelque
ſyrop magiſtral; & les autres
manieres de purgatifs, dont
nous avons donné des exemples dans le cinquiéme chapitre
de la ſeconde partie de ce livre.

Ceux qui ſont travaillés de
maladie où le vice eſt local, é-
tably ſur l'habitude du corps

& penchant vers l'exterieur, & qui auront pris la douche sous les regles ordinaires pourront se servir de cornets dont l'effet est souvent utile. Car la douche ayant fondu puissamment les concretions couchées sur les écorces des nerfs, ou repanduës sur les membranes des muscles ; l'application d'un remede qui attire au dehors ce qui vient d'estre resous, ne peut estre que d'un favorable effet. Or les cornets qui agissent a peu prés à la maniere des ventouses, bien qu'on les applique sans flamme, laissent une élevation sur la peau, qu'on scarifie par de legeres piqueures: Ensuite les mêmes cornets étant remis sur l'endroit, ils l'enflent par le secours de la bouche de celuy qui les tient, & qui en fait l'application, d'où il arrive que le sang coule par

les petites incisions, qui y sont
faites ; & que la partie reçoit de
là un considerable dégagement.

Enfin les purgatifs reiterez par
la plûpart des malades, qui se
trouveront remplis de divers
amas, & dont le ventre n'aura
pas esté trop ouvert, mettront
le sceau à l'ouvrage de ces eaux.
Ensuite chacun prendra son
chemin pour se retirer, & faire
chez soy par l'avis de ses Medecins les remedes necessaires à
l'entiere guerison du mal. Car
bien que les Eaux de Bourbon
emportent d'emblée plusieurs
maladies ; il y en a qui sont d'un
caractere si difficille, & si rebele
qu'il faut employer plus d'une
saison pour les surmonter. Il
s'en trouve même d'autres dont
le fond est absolument à l'é-
preuve des vertus de ces eaux.
Elles ont leur force dans l'exaltation des sels fixes, & des acides

des émancipez, que ces eaux dépoüillent à la verité de leur écorce ; mais le noyau, qui n'a point été ébranlé, y reste toûjours. Il y est encore une semence, qui germe avec le temps, & qui fait éclore son méchant fruit, par le renouvellement de la maladie ; si l'on ne travaille bientôst à l'enlever par l'usage des volatils appropriez, qui l'ébranlent & le détachent, & contre lesquels sa fixité ne tient pas.

F I N.

Extrait du Privilege du Roy.

PAr grace & Privilege du Roy, donné à Versailles le seiziéme jour de Mars 1695.. Signé, HARDOÜIN. Il est permis à EDME COUTEROT Libraire à Paris, de faire imprimer, vendre par tout nostre Royaume, en tel volume, marge, caractere, & autant de fois que bon luy semblera, pendant le temps & espace de dix années consecutives, un Livre intitulé, *Traité des Eaux de Bourbon l'Archambaud*. Et défenses sont faites à tous Imprimeurs, Libraires & autres personnes de quelque qualité & condition qu'elles soient, d'imprimer, faire imprimer, vendre, ni distribuer ledit Livre pendant ledit temps, sans le consentement dudit Exposant, sous peine de trois mille livres d'amende, ainsi qu'il est contenu plus au long par ledit Privilege.

Registré sur le Livre de la Communauté des Libraires & Imprimeurs de Paris, le 17. Juillet 1696. Signé, P. AUBOUYN, Syndic.

Achevé d'imprimer le 11. Octobre 1698.